Soigner autrement est possible

Guérison chamanique de l'esprit et du corps : soins chamaniques et relation d'aide

Par Valérie Tardy

Mentions légales

Droits d'auteur © Valérie Tardy 2016

Tous droits réservés

ISBN : 979-10-94741-09-2 (édition papier)

ISBN : 979-10-94741-10-8 (édition Kindle)

Toute reproduction d'un extrait quelconque ou de la totalité de ce livre par quelque procédé que ce soit, connu (microfilm, photocopie, photographie, fichier informatique, etc.) ou à venir, est interdite sans le consentement écrit de Valérie Tardy, son auteur. Elle constituerait une contrefaçon sanctionnée par les articles 425 et suivants du Code Pénal. Toute diffusion gratuite ou payante de tout ou partie de ce livre, est interdite sans le consentement écrit de son auteur.

Images du livre © Valérie Tardy 2016
Dessins originaux réalisés par Joana Mélissa Tardy

Du même auteur :

L'Art de la Guérison Individuelle : Méthode de transformation et de déconditionnement de l'individu pour sortir de la souffrance (2015)

Comprendre l'essence du chamanisme : Au-delà des cultures, les pratiques chamaniques expliquées par une chamane (2015)

Manuel de reïki premier degré : développement personnel et éveil spirituel avec le reïki traditionnel (2015)

Table des matières

CONCLUSION IMPORTANTE

343

POUR FINIR

349

EN GUISE DE PREFACE

Témoignage de Bruno

Bruno travaille avec moi depuis 10 ans, il m'a envoyé ce témoignage par email et s'adresse à moi quand il écrit.

«Je propose de revenir au séminaire de guérison de mars 2012.

Tu t'en souviendras, l'équipe avait sans doute du mal à sentir ce qu'il fallait faire pour moi et surtout ce qu'il ne fallait pas faire. J'avais la sensation qu'ils me maltraitaient et le leur disais. Malgré tout, ils ne m'écoutaient pas. Tu es arrivée et tu as surtout travaillé avec la parole. Majoritairement, durant les soins chamaniques, la tendance est plutôt de communiquer corporellement, d'envoyer de l'amour et de participer en groupe à une amélioration de l'état de la personne soignée. Le ressenti est donc essentiellement physique et pas intellectuel. Le leitmotiv est d'ailleurs plutôt de sentir que de réfléchir... (voire surtout de ne pas réfléchir !)
Cependant, on oublie souvent le pouvoir de la parole. Je me souviens qu'en substance tu as dit que je n'étais pas Dieu, ni un surhomme. Qu'il fallait accepter mon statut d'homme et, partant, de renoncer à sauver l'humanité. Cela ne voulait pas dire que je doive renoncer à aider mon prochain quand l'occasion se présente. C'est juste plus mesuré. Accepter son humanité est essentiel puisque je suis juste un homme. Découvrir mon humanité, la reconnaître, la parcourir, c'est tout ce qu'il y a à faire; plutôt à vivre. Tu avais ajouté que comprendre cela ôtait beaucoup de culpabilité, de croyances et de souffrance.

Ces paroles de sagesse résonnent encore en moi. Si je les avais entendues lors d'une discussion ou d'un tour de parole, comme cela se fait fréquemment dans les séminaires, je les aurais peut-être comprises et intégrées. Cependant, je tiens pour certain que ces paroles ont été d'autant plus importantes, comprises et digérées, qu'elles ont été prononcées dans le cadre d'un soin. Leur intensité en a été plus grande et je m'en souviens encore.

En outre, les paroles prononcées collaient tout à fait à ma problématique professionnelle et familiale.

Comme j'étais visiblement mal en point, tu t'es allongée longtemps sur moi et nous avons fait, chacun de notre côté, mais sans doute ensemble, un des plus beaux voyages "cosmiques" dont je me souvienne. Nous avons volé dans les airs et le monde, nagé, voyagé ensemble et surtout beaucoup, énormément ri. L'humour partagé a été incroyable durant ce voyage commun.

Je me permets d'indiquer à ce moment que le fait d'être l'un contre l'autre n'a rien de pernicieux ou de sexuel. C'est juste la rencontre de deux êtres au-delà du corps, quel que soit leur sexe, au-delà de leurs carcasses physiques. Celui qui n'a jamais vécu de soins chamaniques, ne peut vraiment comprendre. Le soin chamanique est une expérience individuelle dont, finalement, aucun mot ne peut traduire le ressenti. Il faut le vivre, c'est tout.

Un soin peut être drôle, alors même que soignant et soigné ne se parlent pas. Il y a comme de la transmission télépathique à cet instant. Je crois plutôt qu'il s'agit d'une transmission vibratoire pour tout dire.

Après le soin, et pendant les nombreux jours qui ont suivi, je ressentais des bulles de joie à la surface de mon abdomen. C'est un peu comme la sensation d'avoir une réserve de champagne dans le ventre qui pétille doucement et joyeusement. Cette sensation a duré longtemps et il suffit que j'y repense à l'instant en écrivant ce soin, pour que la mémoire physique m'en revienne immédiatement. C'est sans doute l'une des choses les plus agréables qui me soient arrivées. Pourtant, il est simple de ressentir de la joie puisqu'elle fait partie de la vie.

Le soin a donc plusieurs aspects, plusieurs dimensions. Il y a le soin proprement dit qui apporte un mieux, quel qu'il soit et sans préjugés, non seulement de la personne soignée, mais également de l'équipe qui l'entoure. Souvent, j'ai remarqué, lorsque je faisais moi-même partie de l'équipe soignante, une transformation en moi pendant et après l'intervention.

Il y a également une dimension poétique qui révèle, pour chacun, un univers de beauté immense qui se découvre entièrement à ce moment. La dimension onirique du soin m'apparaît essentielle. La beauté, l'imagination, la grandeur de l'univers se voient à cette occasion. Ce n'est pas le moindre des mérites du chamanisme.

Chacun apporte dans l'expérience son univers personnel. Ceux-ci se télescopent et les sensations qui peuvent être décrites par les uns ou les autres membres de l'équipe peuvent être identiques, se superposer, ou être totalement différentes. Cela n'a, à mon sens, aucune importance. De même, la sensation du receveur du soin peut être radicalement contraire. Ce qui compte, c'est uniquement l'intention de faire au mieux. Cette notion est peut-être complexe à saisir. Faire au mieux, cela signifie beaucoup d'humilité. On ne sait pas ce qui est le mieux pour l'autre. Faire appel aux forces de l'univers pour qu'elles sachent d'elles-mêmes trouver ce qui est le mieux participe à l'intention. On ne sait jamais ce qui va se passer, mais on est sûr d'une chose : quelque chose d'utile va se passer.

C'est pourquoi, pour revenir au soin qui a été le mien, la forme de «maltraitance» que j'ai pu estimer rencontrer a débouché finalement sur un soin merveilleux dont je me rappelle encore aujourd'hui. L'intention prend donc des chemins parfois détournés.

Pour finir, - mais ai-je besoin de le préciser ?- il ne faut évidemment pas confondre le soin chamanique avec la réalité du soin médical. Nous ne parlons pas de la même chose. La médecine existe, et heureusement, car elle m'a été bien utile dans ma vie. J'en remercie encore tous les praticiens et tous les membres du corps médical au sens large.

L'équipe et les "soins" que j'évoque en matière chamanique sont d'un autre ordre. Ce n'est pas non plus de la « médecine parallèle ». Non, c'est plutôt une chance de rencontrer son vrai soi, ce qui n'est certainement pas l'équivalent de l'idée d'un éveil qui est un idéal qui n'existe pas. Puisque chacun d'entre nous est déjà parfait, le soin chamanique c'est la rencontre vers sa propre perfection.»

Fin du témoignage

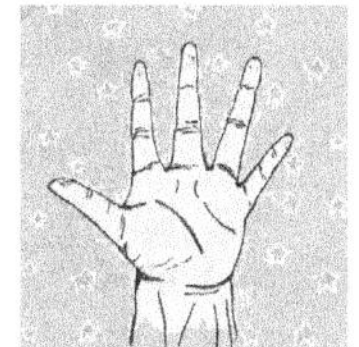

INTRODUCTION

La couverture de ce livre est volontairement colorée et lumineuse, tout comme le témoignage de Bruno, que j'ai choisi de placer au début de l'ouvrage, est volontairement très positif. Bruno aurait pu choisir de raconter un autre de ses soins, évoquant la souffrance vécue et transformée, mais il a préféré mettre en avant le souvenir merveilleux d'un moment où j'ai choisi de l'entrainer avec moi dans la joie, la paix, et la beauté.

Les sujets que je veux aborder ici ne sont pas simples, et encore moins simplistes. Tout n'est pas merveilleux, ni même facile. La guérison, l'aide apportée à autrui, le soin, sont des domaines délicats où la plus grande subtilité est nécessaire. Ils demandent une grande finesse à tous les niveaux et à tous les moments. Cependant, je souhaite que le lecteur réalise l'espoir que cela représente. Donner de l'espoir aux gens en leur racontant des histoires, ce n'est pas mon genre. Mais ce n'est pas parce que la réalité est difficile que l'espoir n'existe pas. Mon espoir à moi réside dans le fait qu'il existe des personnes qui sont capables d'entendre tout cela, ont une certaine ouverture d'esprit, et ne cherchent pas systématiquement la facilité.

Peut-être avez-vous déjà lu mon livre généraliste sur le chamanisme[1]. Je n'y abordais que très rapidement les soins chamaniques, car c'est un sujet qui mérite vraiment un ouvrage entier. Les soins chamaniques sont importants pour moi. Ils tiennent un rôle essentiel dans mon parcours personnel. Souvent j'ai l'impression qu'ils font vraiment partie de mon individualité, que mes capacités en ce domaine me caractérisent plus que n'importe quelle autre de mes compétences. De ce

---

[1] «Comprendre l'essence du chamanisme»

fait, écrire ce livre était pour moi une évidence, un passage obligé.

Les soins sont vraiment le centre de la pratique chamanique. Faire des voyages ou des rituels, s'intéresser aux animaux de pouvoir, etc... tout cela est bien joli, mais cela ne suffit pas pour être chamane, car tout le monde peut le faire, et cela ne demande pas une grande implication. Le chamane est d'abord celui qui vient en aide à sa communauté, qui se met au service, qui prend des risques pour être utile.

Ma vie a basculé le jour où j'ai fait mon premier soin chamanique et ce jour là j'ai mis les pieds dans un monde dont je ne suis jamais sortie. Je n'ai jamais eu vraiment l'impression de pouvoir choisir une autre voie. La Vie semble avoir déroulé ce chemin tortueux sous mes pieds et s'il y avait des embranchements pour en sortir, j'ai été incapable de les apercevoir. Je ne suis pas restée sur cette voie par curiosité ou parce que c'était amusant. Je n'y suis pas restée par recherche de pouvoir. Bien au contraire j'ai toujours refusé toute proposition en la matière. Cela ne m'attire pas, et sans doute est-ce pour cela que j'ai été au bout de mon initiation chamanique. Dans le cas contraire, j'aurais échoué.

Sans les soins, le chamanisme n'est qu'une activité de loisirs, une activité culturelle. Pour devenir ce que je suis, pour faire des soins, j'ai du subir une très longue initiation, et je dis bien subir, car ce parcours représente non seulement un entrainement, un enseignement, mais il est jalonné d'épreuves et de renoncements. Il est clair maintenant que sans cet engagement je n'aurais pas eu le même parcours spirituel, même si celui-ci avait débuté bien avant ma rencontre avec le chamanisme.

Il faut beaucoup de force et de motivation pour avancer pendant de longues années dans une voie difficile, et qui demande de renoncer à toutes ses attentes. La voie du chamanisme ne rend pas la vie plus facile : elle nous montre l'ampleur de la difficulté à être humain, elle permet de vivre bien dans une réalité souvent rude, mais seulement si on est capable d'accepter cette réalité, de renoncer aux illusions et à la facilité.

Le terme de guérison que j'emploie souvent, dans ce livre et dans le nom de ma méthode AGI® (Art de la Guérison Individuelle) peut gêner certaines personnes. Cependant la guérison concerne tout le monde et non seulement les médecins. Chacun de nous a besoin de se guérir, de se libérer de ses blocages, pour être aussi heureux que possible. Personne ne peut enlever à qui que ce soit la responsabilité de sa guérison personnelle, à tous les niveaux. Cela appartient à chacun.

Même lorsque des soins physiques sont évoqués dans cet ouvrage, mon objectif n'est pas du tout de critiquer ou concurrencer la médecine scientifique moderne. Ma seule ambition ici est de partager une expérience et de proposer mes points de vue sur la question de la guérison et de l'accompagnement des personnes. Il ne s'agit pas non plus de me vanter de mes réussites, cela n'aurait aucun intérêt. Cet ouvrage a pour but de mettre en avant les principes qui fonctionnent en matière de guérison, afin que chacun puisse en tirer parti.

Dans cet ouvrage je fais le point sur de nombreuses années de pratique d'aide et de soins chamaniques. Vous pouvez le considérer comme une sorte de résumé de l'expérience d'une chamane occidentale en matière de soins. La majorité de ces soins ont été offerts, de façon bénévole. Il me semble important de se souvenir que tout cela ne tient au final qu'une petite place parmi ce que je propose. C'est essentiel par nature, mais cela ne prend pas beaucoup de place dans mon emploi du temps.

Je fournis de l'aide aux personnes qui en demandent. La plupart du temps, il s'agit d'un travail de développement personnel, en individuel ou en groupe (stages). Attention, quand je dis «développement personnel», il ne faut pas entendre par là pratique de bien-être ou de dépassement de soi. Je parle de travail sur soi pour se libérer de ses conditionnements, donc d'une sorte de thérapie, qui est en grande partie menée par la personne elle-même.

Les soins chamaniques peuvent faire partie de cette démarche. Ils sont parfois nécessaires. Mais il ne faut pas mettre les choses à l'envers : le soin n'est pas l'essentiel et il n'a de sens que si la démarche de guérison est globale. Aucun soin magique ne peut suffire à changer la vie des gens, même si beaucoup l'espèrent. L'essentiel de ce que je propose consiste en ma méthode de transformation personnelle AGI® (Art de la Guérison Individuelle), dont les principes sont résumés dans mon précédent livre. Les soins sont englobés dans AGI®, ils en font partie, mais n'en représentent pas l'essence. Je ne peux que vous incitez à consulter mon livre[2] pour en savoir plus.

Les soins dont je vais parler sont divers et variés et concernent parfois le physique, parfois le psychologique, ou même les deux. Lorsque rien ne sera précisé, ce sera que les thèmes abordés concerneront toutes les formes de soins.

____

[2] L'Art de la Guérison Individuelle, méthode de déconditionnement et de transformation de l'individu pour sortir de la souffrance

Lorsqu'il s'agira spécifiquement de soins sur le physique, ou de soins psychologiques ou d'un type de soin précis, cela sera bien entendu précisé. Vous verrez que beaucoup d'éléments abordés concernent toutes formes de soins, sans distinction physique/psychologique.

Mon expérience ne se limite pas aux soins et il est impossible de partager sur ce domaine entièrement, non seulement parce qu'en dehors du contexte cela perd son sens, mais aussi parce que la caractéristique essentielle de cette forme de soins est d'être toujours renouvelée, une réponse unique à chaque cas. Il n'existe pas de recette ou de technique applicable pour tout le monde ou par tout le monde. Il est probable que quasiment personne ne pourra réaliser certaines formes de soins dont je parle dans ce livre. Cela vaut tout de même la peine d'en parler, ne serait ce que pour en expliquer les principes, qui sont universels.

Il m'est venu à l'esprit qu'à ce moment de ma vie, je suis capable de proposer de très nombreuses formes d'aides, que ce soit pour les maux psychologiques ou pour les maux physiques. D'une certaine manière tout cela constitue une sorte de médecine empirique, qui a beaucoup de points communs avec les médecines ancestrales que l'on peut trouver de par le monde et qui constituent l'essentiel des soins reçus par les êtres humains sur Terre (80 % d'entre nous n'ont accès qu'à des soins traditionnels). En même temps, elle me semble totalement moderne. Il est même possible que ces pratiques donnent une idée de ce que pourrait être une médecine du futur.

Je suis une occidentale «normale», avec une vie d'occidentale. J'ai été à l'école, je n'adhère à aucune superstition ou tradition spécifique. Je suis même très carrée. Les personnes qui me contactent sont également toutes occidentales et modernes. Tout ce que je pratique est compatible avec les moyens et les connaissances de la médecine scientifique moderne, et peut en tirer parti.

C'est une pratique de soin qui va au fond des choses autant sur le plan physique que psychologique. Elle s'intéresse à tous les niveaux de la réalité. Cela peut agir au niveau microscopique, infinitésimal, sur les cellules, mais aussi sur leur contenu, sur les chromosomes... comme de façon globale. De plus, ces soins sont sans danger, sans manipulation, sans effets secondaires : ils respectent totalement l'intégrité du corps. Si j'ajoute que cette pratique tient toujours compte du lien étroit entre le corps et l'esprit, et qu'elle s'adapte à chaque individu, on ne peut douter qu'elle soit intéressante.

Tout soignant réellement soucieux du bien-être de ses patients ne devrait-il pas s'y intéresser ? Je suis sans doute innocente de croire cela. Je suis avant tout une personne qui répond à une demande d'aide. Malgré la valeur inestimable du savoir des médecins, de nombreuses personnes ne sont pas guéries ni même soulagées, et nombre d'entre elles souffrent des lourds effets secondaires liés aux traitements qu'elles reçoivent. La place pour chercher, se questionner, expérimenter, est donc large.

Ce livre est le fruit de mon expérience et aussi de mon parcours spirituel. L'un ne pourrait aller sans l'autre. Gardez cela à l'esprit.

En matière de chamanisme, tout dépend de ce qu'on est, ce n'est pas une affaire de techniques. Je passe la plus grande partie de mon temps à enseigner, à guider les gens vers plus de bonheur. C'est par cette approche globale que j'ai développé aussi mes compétences en matière de soins, en commençant par des soins pour les problèmes psychologiques. Les techniques ne sont rien sans une compréhension de ce qui fait la vie humaine.

Ce n'est sûrement pas le hasard si des personnes en souffrance sont venues me voir, moi, pour me demander de les aider, à une époque où je n'avais jamais pratiqué de soins, et n'y connaissais rien du tout. Elles ne sont pas tournées vers moi pour mes diplômes mais uniquement pour des raisons spirituelles.

Je tiens à ajouter dans ce livre quelques conseils pour les personnes qui cherchent à se soigner, ou à être soignées. Je ne sais pas si je pourrai les aider dans ce livre, car chaque cas demande un traitement particulier, mais je souhaite au moins donner des conseils ou des pistes pour que chacun prenne en main son destin.

Je vous demande aussi de vous rappeler que je parle de ce que je pratique et non de ce que font les autres personnes qui se disent chamanes. Vous ne pouvez pas vous attendre à trouver chez une autre personne qui se dit «chamane» les soins dont je parle dans ce livre. Il s'agit en très grande partie de soins que j'ai inventés.

D'autre part, restez méfiants car dans le domaine du chamanisme on trouve beaucoup de charlatans et de personnes déséquilibrées ou tout au moins qui n'ont pas du tout les pieds sur terre. Vous constaterez en lisant ce livre que je prends beaucoup de précautions en matière d'aide et que je n'ai pas besoin de justifier ce qui se passe en soin par des croyances ésotériques ou un folklore exotique. De plus je ne promets jamais la guérison à personne, et à mon sens, tout thérapeute qui fait ce genre de promesse doit être évité, quel que soit sa pratique.

Avertissements

• Ce livre comporte quelques témoignages et récits de soins. Tous les noms des personnes impliquées ont été changés. Lorsqu'un témoignage est publié, cela est clairement annoncé dans le titre du chapitre (témoignage de). La police du texte est également différente.

• Ce livre se réfère principalement à ce que je pratique ou à ce que j'ai déjà pratiqué, mais donne également des principes généraux, concernant le chamanisme, mais aussi toute forme d'aide et de soin.

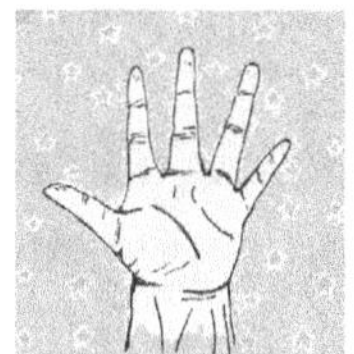

PREMIERE PARTIE : PRINCIPES

Définitions

Avant de commencer je pense bon de définir deux termes : développement personnel, et spiritualité.

En effet, mon expérience quotidienne me montre que ce ne sont pas des notions claires pour beaucoup de personnes. De ce fait, il peut y avoir des malentendus.

<u>Développement personnel :</u>

Le développement personnel est à la mode et je me suis rendu compte récemment que la plupart des gens en avaient une image très différente de la mienne. Cette expression semble regrouper des sujets divers et variés. Par exemple, cela fait penser à ces stages où il faut se dépasser, marcher sur des braises. Cela évoque également des pratiques de bien-être, voire des loisirs. A croire qu'on fait du développement personnel dans toute activité, que ce soit le tricot, ou la musique.

Je veux bien, mais je tiens à vous dire que ce n'est pas le sens que je donne à cette expression, afin que vous compreniez bien mon discours quand je vais l'employer dans ce livre. Lorsque je parle de développement personnel il s'agit de travail sur soi en profondeur, qui implique d'effacer ses conditionnements pour obtenir une modification de ses réactions et comportements.

Cela induit la nécessité de mettre le doigt sur ces conditionnements de façon certaine, et ensuite d'avoir les moyens de les effacer. Rien de cela ne peut se faire en parlant ou par une technique à la mode.

De la même façon, le développement personnel dont je parle n'a pas pour but de vous rendre plus efficace, ou plus «rentable» pour votre entreprise. Toute une partie de ce qu'on appelle développement personnel - et qui fait vivre très grassement de nombreux intervenants en tous genres - relève simplement du formatage des employés au service des gains d'une entreprise.

Que les entreprises souhaitent améliorer l'efficacité de leurs équipes, je le comprends. Mais quand je parle de développement personnel, il n'est pas question de cela. Le seul but du «vrai» développement personnel est le bien-être réel de la personne, sa santé, son bonheur, dans sa vie en général et non simplement au travail. C'est un chemin qui doit être entamé de sa propre volonté et dans l'unique but d'être mieux dans sa vie. L'objectif ici n'est pas de la rendre plus adaptée au monde du travail ou à une entreprise, un projet, ou une équipe, mais de devenir capable d'exprimer qui elle est vraiment, même si cela signifie quitter son emploi actuel.

Il peut être nécessaire de rappeler que vous n'êtes pas votre métier, vous n'êtes pas ce que vous faites dans la vie. Vous n'êtes pas non plus le mari ou la femme de, le père ou la mère de vos enfants, le fils ou la fille de vos parents. Non : vous êtes vous, et c'est tout. Le développement personnel doit vous permettre de savoir qui cela est.

<u>Spiritualité :</u>

Le spirituel attire, mais là encore je constate que chacun s'en fait son idée. C'est souvent une notion très nébuleuse qui semble regrouper tout ce qui semble plus ou moins dépasser les limites de la logique, du matériel, du «prouvable».

La spiritualité attire justement par ce côté mystérieux, qui n'a pas de limites et qui semble ainsi proposer à l'individu un espace de liberté au-delà de son enfermement quotidien. C'est aussi pour beaucoup de personnes, le domaine qui explique l'inexplicable, et surtout, qui justifie l'injustice de la vie humaine.

Sous ces aspects très flous, la spiritualité attire parce que chacun peut y trouver de quoi se rassurer ou se réconforter. De ce fait, on confond souvent spiritualité, religion et ésotérisme.

En ce qui me concerne, j'ai une définition très précise de la spiritualité : Il s'agit de la voie qui consiste à se débarrasser de toutes les illusions, les idéaux, pour voir les choses telles qu'elles sont. Sur un chemin spirituel, on cherche à connaître la réalité, et non à la fuir. On cherche à enlever les voiles qui séparent de celle-ci et non à la parer de jolies tentures.

Cette recherche est proche de celle des scientifiques. Ce qui la différencie, ce sont surtout les moyens employés.

Si vous voulez voir les choses telles qu'elles sont, vous n'avez pas d'autre choix que de vous débarrasser de votre programme[3], qui filtre et déforme en permanence la réalité. Vous devez donc travailler sur vous et faire ce que j'appelle du développement personnel. La spiritualité passe par un énorme travail sur soi, qui doit aller dans ce cas jusqu'au terme, et la disparition de toutes les programmations, de tous les conditionnements.

---

[3] Terme employé dans ma méthode AGI® pour définir l'ensemble des conditionnements d'un individu, l'ensemble de ses croyances.

Soigner : de quoi est-il question au juste ?

Que veut dire soigner ? Pourquoi aider l'autre et est-ce même possible ? Est-ce sain de le vouloir ? Quelle implication cela nécessite-t-il ?

Toute personne qui envisage d'accompagner une personne en souffrance devrait se poser ces questions. Aider n'est pas une activité ordinaire, qui serait à la portée de toute personne ayant suivi une formation, qu'elle soit diplômante ou non.

Cet ouvrage traite de la capacité d'un être humain d'intervenir pour aider un autre être humain en souffrance, des moyens dont il dispose naturellement, et d'une façon correcte de le faire.

Comment peut-on définir l'aide ?

D'une façon simple, aider l'autre est participer à la résolution de l'un de ses problèmes. Un problème est quelque chose qui a une ou plusieurs solutions. Ce fait le différencie d'une simple réalité à accepter. Beaucoup de personnes confondent les deux, et traitent les réalités à accepter comme si elles étaient des problèmes à résoudre. Cela induit agitation inutile, perte d'énergie et souffrance.

C'est un sujet qui est développé dans mes stages sur la réalité, et qui le sera probablement dans l'un des autres livres que je vais écrire.

Pour aider, il faudra donc déterminer quels sont les problèmes de la personne qui demande, quels sont ceux sur lesquels on peut agir et, écarter soigneusement les réalités à accepter. Face à une réalité à accepter, la démarche consiste à aider la personne à comprendre qu'il s'agit d'une réalité à accepter, puis l'aider à parcourir le chemin pour accepter, et enfin, si la situation le permet, l'aider à résoudre les problèmes qui découlent de cette réalité.

Par exemple, faire comprendre à une personne qu'elle doit accepter un handicap, l'aider à l'accepter (cela relève d'un travail de développement personnel tel que je l'enseigne), puis l'aider à gérer son handicap, les problèmes concrets ou psychologiques qu'il entraine. Dans le cadre de soins chamaniques, le plus délicat peut paraître de déterminer si on peut agir sur le handicap ou non, mais avec du bon sens et de l'honnêteté on arrive assez rapidement à répondre à cette question.

<u>Quelle est la différence entre aider et soigner ?</u>

Il est facile de comprendre que le soin est une forme d'aide. En quoi cette aide est-elle particulière ? De mon point de vue le soin intervient lorsque l'on est amené à faire quelque chose que la personne ne pourrait absolument pas faire par elle-même. Cela peut tout aussi bien être aider une personne handicapée à manger ou aider une personne à transformer un blocage psychologique, à l'effacer, par des soins chamaniques.

Dans le soin, à un moment, la personne qui est aidée ne peut pas agir seule et c'est pour cela que l'on retrousse ses manches pour l'aider à résoudre son problème. A ce moment, on participe activement.

Vous comprendrez que cela peut entrainer toutes sortes d'abus, autant de la part de la personne qui soigne, que de la personne qui demande à être soignée. Il faut avant tout déterminer si le soin est bien nécessaire, si la personne ne peut vraiment pas agir elle-même pour s'aider et si c'est le bon moment pour agir, c'est-à-dire si la personne est prête. L'aide ne doit jamais ôter à une personne la responsabilité de son destin ou son pouvoir personnel.

La plupart des gens recherchent des soins, même si cela n'est pas la meilleure aide dont ils pourraient disposer. Cela signifie qu'ils préfèrent recevoir des soins, sans avoir à agir par eux-mêmes, à faire des efforts et à prendre la responsabilité totale de leur vie. C'est bien connu, beaucoup cherchent une sorte de pilule miracle. Cependant, ce n'est pas un bon choix, car cela ne donne pas du tout les mêmes résultats que lorsque l'on fait des efforts, se prend en main, et transforme sa vie par soi-même.

Recevoir de l'aide est normal et parfois indispensable, mais cette aide reçue ne doit pas dépasser l'aide que la personne est prête à se donner à elle-même, c'est-à-dire qu'on ne devrait pas recevoir plus que ce qu'on investit soi-même dans sa guérison.

Le soin doit donc rester ponctuel, et ne peut être la voie pour changer sa vie. Le soin doit toujours être inclus dans une démarche d'aide plus globale, dans laquelle la personne est amenée à se prendre en main. Je pense que cela est valable dans tous les cas et qu'il faut particulièrement y veiller dans le cadre du développement personnel ou de la thérapie psychologique.

Il n'est pas question de travailler avec quelqu'un uniquement avec des soins, il faut mettre en oeuvre un processus d'accompagnement sur une période qui peut être longue ou courte selon la situation, et ne pratiquer des soins que lorsque cela s'impose, ce qui peut ne pas être le cas. C'est cela prendre soin des gens, les aider vraiment.

<u>Pourquoi vouloir aider l'autre ?</u>

Je peux constater que ce souhait est plus répandu qu'on pourrait l'imaginer au premier abord, même à notre époque. On a l'habitude de penser que les gens sont égoïstes, peu soucieux des autres, indifférents à leur sort. C'est vrai et c'est faux à la fois. Beaucoup de personnes expriment la volonté d'aider les autres. Bien entendu, cela ne signifie pas que leur motivation est claire ou saine, ou qu'ils sont prêts à aider n'importe qui.

Lorsque l'on travaille sur soi, on découvre que l'envie d'aider les autres provient souvent de programmations. Le but inavoué de tout cela est de se réparer soi-même, de guérir ses propres blessures, et de rehausser son estime de soi. Cela n'a rien de bien reluisant, en fait. Force est de constater que de nombreuses personnes qui commencent un travail de développement personnel avec l'idée d'aider les autres, perdent cette envie au cours de leur parcours, quand les programmations et blessures qui en étaient l'origine sont effacées.

L'altruisme est très relatif. Dans la plupart des cas, il s'agit avant tout d'identification à la personne qui souffre : La partie «victime» d'une personne s'identifie à l'autre en tant que victime. Le véritable altruisme, d'une personne qui va bien, n'a rien à régler, et qui malgré tout prend des risques pour aider l'autre, est très rare. Mais il existe. Quand on le rencontre on peut se dire chanceux.

C'est ce véritable altruisme qui est requis pour certaines formes de soins chamaniques. Je développerai cela précisément dans les chapitres suivants.

Aider l'autre, c'est accepter de prendre des risques, d'approcher sa souffrance, voire de la partager un moment. A mon avis, c'est un mouvement vers l'autre qui est naturel pour plusieurs raisons.

Tout d'abord, l'être humain est un être social, et a besoin du groupe pour survivre. Dans une communauté, une tribu, la survie de tous dépend de chacun. Aider un autre membre du groupe est nécessaire pour assurer l'avenir de tous. En général, les peuples qui vivent proches de la nature et de ses dangers, sont dotés d'un esprit communautaire car ils sont conscients d'être interdépendants.

D'autre part, à un niveau plus profond, une personne qui a parcouru un chemin spirituel certain, sent et reconnait que l'autre et lui-même ne sont séparés en rien. L'autre c'est moi, et moi c'est l'autre. Il n'y a pas de différence. Nous sommes UN. Naturellement chacun peut logiquement se sentir concerné par ce qui arrive aux autres, et même le sentir (nous en reparlerons plus tard).

D'un autre côté, il est tout aussi naturel de vouloir fuir la souffrance de l'autre, de s'en détourner et de vouloir maintenir son bien-être personnel avant tout. C'est totalement normal. Tous les êtres vivants doués de sensibilité cherchent le bien-être et à éviter la souffrance. Cela n'a rien de répréhensible.

La souffrance est inévitable dans la vie, et il n'est pas nécessaire de chercher à y être confronté. Sentir la souffrance, même quand elle ne nous appartient pas, n'est jamais agréable.

Cela demande de la force, du courage, de l'amour, mais aussi d'avoir réglé ses problèmes afin de ne pas être atteint par cette souffrance, de ne pas en ressortir blessé.

Ce que je viens d'écrire concerne celui qui aide, mais celui qui est aidé doit également remplir certaines conditions, afin que l'aide ou le soin soit possible. Je développerai cela plus loin dans le livre.

Vous commencez à comprendre qu'aider n'est pas simple. Je dis souvent que c'est la chose la plus difficile qui soit. Est-ce bon de vouloir aider ? Oui, si cela est fait de façon correcte, saine, par quelqu'un qui en est capable, et pour une personne dont la demande est claire.

Les soins chamaniques

Je vous demande encore une fois de garder à l'esprit que je parle de mon expérience et non de ce que d'autres font. La désignation «soin chamanique», employée par une autre personne, peut correspondre à des pratiques totalement différentes de celles dont je parle dans ce livre.

<u>Définition :</u>

Il n'est pas aisé de définir un soin chamanique car cela peut prendre des formes très différentes, et être exercé aussi dans des contextes variables.

Quand on dit «chamanique», vous imaginez peut-être qu'une personne costumée, et jouant du tambour, va réciter ou chanter des prières, faire brûler des herbes, ou faire des offrandes. De mon point de vue cette scène n'a rien de spécifiquement chamanique. En réalité, elle correspond à une image d'Epinal, reliée à une idée culturelle du chamanisme.

Le chamanisme n'a rien à voir avec la culture, comme je l'ai expliqué en long et en large dans mon livre «Comprendre l'essence du chamanisme». Faire brûler des herbes ou jouer du tambour n'est pas chamanique en soi.

Un soin chamanique repose sur l'intention du chamane uniquement, et sa capacité à transformer l'énergie. Le soin chamanique est fondé sur le ressenti et non le savoir. Il s'agit d'être en contact avec l'être qui a besoin d'aide, de sentir ce qu'il lui faut, et d'être apte à agir au niveau le plus subtil, celui de la nature des choses. Le soin chamanique repose sur la capacité à transformer l'énergie, donc à transformer au niveau énergétique des émotions, des croyances, des empreintes, des traumatismes, etc.

Si vous réfléchissez, vous vous rendrez compte que ce sont des soins très rares. Ils demandent d'avoir parcouru un chemin spirituel. Ils se manifestent dans un cadre, le plus souvent collectif, où l'attention portée à l'autre est totale.

<u>Différents types de soins chamaniques</u>

Il existe néanmoins plusieurs formes de soins que je qualifierais de chamaniques. Dans mon cas personnel, je pratique deux principales formes de soins chamaniques : les **soins sur le physique**, qui consistent à agir sur la matière directement [4], et les soins s'adressant à l'être en général et non à son corps en particulier. Cette seconde catégorie de soins est ce que j'appellerais les **soins chamaniques «classiques»**. Ils concernent tout type de problème, mais le plus souvent servent à effacer des blocages, traumatismes, à évacuer des émotions, etc. Ils peuvent aussi prendre part à la résolution de problèmes physiques. Ce qui les différencie dans ce cas de l'autre forme de soins, c'est le fait d'agir sur le corps de façon indirecte.

En dehors de cela, je peux aussi pratiquer des **transmissions d'énergie**, qui ne sont pas des soins à part entière, mais font partie du chamanisme au sens large. Cela revient à transmettre à la personne l'énergie dont elle a besoin à un moment. Il ne s'agit pas de transformer ou de diriger l'énergie, c'est pourquoi je ne considère pas cela comme un soin. Il s'agit d'une aide, qui peut rebooster la personne, l'aider à avoir des prises de conscience, agir sur le corps ou l'esprit, de façon globale. Ce genre de pratique, beaucoup plus facile,

---

[4] cf dans la partie «Moyens», le chapitre sur le travail manuel avec l'énergie (Force)

demande toute de même d'être capable de pratiquer sans attente ni doute, avec un mental calme.

<u>Déroulement d'un soin chamanique «classique» tel que je le pratique et l'enseigne en stage</u>

D'une façon générale, il est souhaitable que cela se passe en groupe. Dans le passé, j'ai réalisé des soins chez moi ou chez les autres, en individuel, souvent dans des cas très difficiles. Mais la grande majorité des soins ont ensuite été donnés en stage.

Les personnes sont réparties en petits groupes. Chaque groupe a un «chef» désigné qui dirige plus ou moins ce qui se passe, et qui fait partie des plus expérimentés. Je suis présente, supervise, guide, et intervient directement quand cela est nécessaire. Je participe aux soins de tous les groupes simultanément.

Au tout début des stages que je proposais, personne d'autre que moi n'avait la moindre compétence pour pratiquer ce genre de choses. J'ai guidé petit à petit mes élèves dans la pratique du soin chamanique. Certes, à ce stade, même après des années, aucun n'a la même capacité que moi à soigner, à transformer l'énergie... mais chacun a pu progresser et participer de façon de plus en plus active.

La personne qui est soignée est choisie par le groupe, sachant que le tour de chacun viendra de toute façon. Les stages de guérison comportent beaucoup plus que des soins chamaniques : les élèves reçoivent un enseignement, participent à des groupes de parole, réfléchissent et échangent sur des sujets imposés, font des exercices, etc. Il est assez aisé de choisir une personne, sur la base de tous les échanges qui précèdent le soin.

La personne doit être volontaire de toute façon. Elle est allongée au centre du groupe. Il est essentiel que la cohésion du groupe soit réalisée. Si ce n'est pas le cas, le chef de groupe propose de faire quelque chose pour l'améliorer. Tout le monde se souvient de l'intention à avoir : «que tout se passe le mieux possible pour la personne allongée».

Pendant le soin, celle-ci est le centre de toutes les attentions : elle est la personne la plus importante au monde. Tous les membres du groupe se centrent, et méditent autour de la personne allongée. Puis chacun essaie de sentir ce qui se passe pour elle.

Le chef de groupe invite chacun à s'exprimer sur ce qu'il sent. Cela peut se manifester de maintes façons : sensations physiques, émotions, images, etc. Après ce premier partage, le groupe tente de dégager une première direction pour le soin. Ce n'est pas toujours facile pour les élèves, qui ont parfois du mal à sentir, ou à percevoir ce qu'il est important de percevoir.

En fonction de ce qui a été perçu, des actions sont décidées. Elles peuvent être de formes très diverses. En réalité, il n'y a pas de limite. On invente à chaque fois ce qui est fait, le principe étant de rétablir un état d'harmonie, de montrer à l'être la vérité, de soulager, d'accompagner.

Très souvent, on souffle à l'intérieur de la personne soignée, des énergies de diverses natures, telles que de l'amour, de la joie. On aspire aussi, on nettoie, par toutes sortes de moyens, on retire ce qui est en trop, on change ce qui doit l'être. Certains soins peuvent ressembler à des interventions chirurgicales réalisées au niveau de l'énergie : des gestes sont faits sur le corps et autour du corps de la personne. D'autres fois, le soin se passe à un niveau qui n'est pas visible. L'énergie est transformée à l'intérieur même du soignant. Parfois on prend la personne dans nos bras.

Il arrive également qu'un voyage chamanique soit réalisé. Mais cela se fait de plus en plus rare quand les élèves progressent : c'est le moyen de la facilité, celui que l'on envisage soit quand on ne sent pas bien, soit quand on ne sait pas comment transformer en direct, soit quand on n'y arrive pas.

En stage, j'interviens chaque fois que cela est nécessaire, en particulier pour mettre les élèves dans la bonne direction, pour dire certains mots, ou pour transformer. Je suis particulièrement présente pour les soins les plus difficiles.

J'accueille la souffrance de l'autre et la transforme. Parfois je l'emmène dans des endroits où il peut se reposer, se soigner. Je peux guider sa conscience, et lui «montrer» diverses énergies ou états de conscience, ou bien même je l'invite à regarder en moi, à constater la «vastitude» de la conscience.

Il s'agit de faire ce dont la personne a besoin, à ce moment-là.

Ce qui permet de réaliser tout cela, et les différents aspects du soin, seront expliqués au fil du livre.

Tout ce que je viens de décrire pour les soins collectifs peut être transposé pour des soins individuels. Les principes sont les mêmes, mais je suis plus rapide, et plus directe.

Néanmoins il faut tenir compte de la réalité suivante : faire un soin en individuel est possible si on connait déjà la personne avant ou si on a beaucoup de temps devant soi. Le contact que cela demande, et l'acceptation du soin par la personne, nécessite un minimum de lien et de confiance, ce qui est très facilement atteint en stage, dans un contexte collectif, mais qui n'est pas évident si on essaie de pratiquer le soin pour une personne qu'on n'a jamais vue avant et qui a décidé de prendre un rendez-vous de deux heures.

Les soins sur le physique sont plus spécifiques et seront décrits plus tard. Ils ne sont pas pratiqués de façon collective et demandent énormément de maîtrise de l'énergie.[5]

---

[5] cf dans la partie «Moyens», le chapitre sur le travail manuel avec l'énergie (Force)

Témoignage de Corinne

Je n'ai pas encore reçu de soin physique, mais j'ai une expérience sur les soins chamaniques pratiqués dans la méthode AGI®.
Depuis que je fais du développement personnel avec Valerie Tardy j'ai participé à plusieurs séminaires de guérison et retraites où les soins sont utilisés.

C'est une expérience qui me semble difficile à expliquer parce qu'elle se vit en direct lorsqu'on y est.
De mon expérience, à chaque soin reçu, ou donné, il se passe quelque chose, il y a des prises de conscience, comme une évidence, on sent que ça bouge, on agit et même quand on a l'impression qu'il ne se passe rien, il y a toujours une expérience qui est faite ou une certaine compréhension qui est acquise.
On sent, on développe cette capacité à sentir et à agir en conséquence.
On travaille aussi la confiance en ce sentir, le lâcher prise, on est confronté à nos limites aussi.

Dans les soins, on guérit, on soigne ou du moins on essaie d'aider l'autre du mieux possible à notre niveau et à ce moment précis. On souhaite que tout ce passe pour le mieux pour la personne, pour le groupe et pour nous-même. L'intention est importante. On sent ce qu'il y a. On échange sur nos ressentis avec le petit groupe et celui qui sent de faire quelque chose agit. Même si le soin est fait à une autre personne, il se passe des choses en nous.

Dans le cas de soin reçu, il est difficile pour moi de vraiment dire les effets du soin, ce qui a vraiment changé après et jusqu'à quand dure le soin.
J'ai l'impression qu'il y a des choses qui sont transformées immédiatement, comme des blessures et des souffrances,

mais il me semble aussi que certains soins agissent encore
maintenant, ils ont laissé une trace, ouvert un chemin.

47

Fin du témoignage

Témoignage de Françoise

Je m'allonge au milieu des autres participants de mon petit groupe de travail. Nous sommes 6 personnes. C'est à mon tour de recevoir le soin. Je ressens un mélange de joie (c'est agréable qu'autant de personnes prennent soin de moi) et d'inquiétude. Je ne sais pas exactement ce qu'il va m'arriver, quelle problématique va émerger, ni si le soin sera efficace. Pourtant, ce n'est pas le premier soin que je reçois. Heureusement, je me sens rassurée par les personnes autour de moi : elles sont toutes bienveillantes et pour la plupart, je les connais bien. Cela fait déjà 3 ans 1/2 que je fais ce travail de développement personnel avec Valérie. Je croise souvent les mêmes personnes en stage et des liens se nouent, forcément...

J'ai tellement envie que cela marche ! Je veux que ma vie change, que l'on arrive à transformer ce qui m'entrave. Je leur fais confiance et me laisse aller autant que possible.

Autour de moi, les autres méditent, assis. Ils font le calme à l'intérieur d'eux et se centrent en posant l'intention que tout se passe le mieux possible pour moi. Puis chacun pose une main sur moi. Je ressens leur présence, leur amour, ça me rassure.

Ensuite, chacun parle (sauf moi) et partage ses ressentis. Il se dégage des similitudes concernant un gros poids sur mon coeur et beaucoup de pensées qui tournent en boucle dans ma tête. Effectivement, ils ont vu juste. Je ne dis rien et attends la suite.

Tout le monde me souffle de l'amour (on me souffle dessus réellement avec l'intention que cela m'apporte le plus d'amour possible). Je le ressens vraiment, physiquement.

Une participante aspire ce qu'il y a dans ma tête (elle aspire réellement au sommet du crâne avec l'intention de calmer mon mental agité). Je ressens une fraicheur localement et me sens plus légère.

C'est comme si une première couche avait été enlevée.

Chacun pose à nouveau sa main sur moi pour sentir l'évolution et savoir comment continuer.

Un participant s'allonge sur moi pour sentir ce qu'il se passe au plus près et ainsi m'aider plus efficacement. Je ne le ressens pas comme une intimité physique perturbante mais comme un contact bienveillant. Ça me fait l'effet d'un gros câlin avec quelqu'un de ma famille. Je sens tous les autres attentifs autour de moi. Durant cet échange privilégié, il se passe des choses à l'intérieur de moi, je sens que ça bouge sans pouvoir définir plus précisément. La personne se relève et me partage la vision qu'elle a eu pendant ce temps de proximité. Les autres sont à l'écoute.
Tout le monde pose sa main sur moi pour faire le point.

Malgré tout, je me sens recroquevillée, loin à l'intérieur de moi. Je mets volontairement de la distance. Je pense que j'ai peur tout simplement. Je me sens vulnérable.
Le soin tourne à l'impasse. Malgré la bonne volonté de chacun, rien n'avance.
Je sens que c'est à moi de faire un pas vers les autres pour que le soin fonctionne. Je comprends que rien ne peut se faire sans moi. Alors j'essaie de m'ouvrir un maximum. A partir de ce moment, une prise de conscience s'opère en moi. Je me rends compte que, dans ma vie, je mets de la distance avec mes émotions. Je les sens, je les vois au quotidien mais je n'en tiens pas compte. Or j'ai besoin de reconnaître moi-même ma souffrance (particulièrement en ce moment vu que je suis en pleine séparation) et mes émotions en général. J'en parle aux autres et tout le monde décide de me souffler de l'amour. Ça m'apaise, je me sens soutenue et reconnue.

Puis au moment où tout le groupe pose à nouveau sa main sur moi pour sentir l'évolution, Valérie arrive et pose elle aussi sa main. Elle partage l'image qu'elle perçoit : elle me voit comme une grande femme qui tient plein d'enfants en laisse. Nous échangeons avec le groupe à ce sujet et je me rends compte que je prends beaucoup la responsabilité des autres. Il faut que je lâche ça. Je dois maintenant m'occuper de mon enfant intérieur et laisser les autres s'occuper d'eux (d'où l'image des laisses : il faut que je lâche ces laisses métaphoriquement). C'est un problème de positionnement. M'occuper des autres m'a déconnecté de moi. Je n'arrive plus à sentir ce qu'il se passe en moi et je doute sur la légitimité de mes émotions. J'ai dû y trouver mon compte à un moment donné mais maintenant cela m'entrave. Je me suis coupée de ma boussole intérieure en refoulant mes émotions. Du coup, je me sens perdue, embrouillée, lestée alors que naturellement les émotions passent et partent (et on passe à autre chose). Avec l'aide des autres lors de l'échange verbal, je comprends que j'ai le droit de ressentir tout ce que je ressens. Il n'y a pas d'émotion meilleure que d'autres ou plus juste. Les émotions surviennent malgré moi et je n'ai pas de prise dessus à l'instant T.

Je me sens mieux. Le poids sur ma poitrine est parti. Je me sens libérée et pleine d'énergie pour retourner affronter le plus sereinement possible les défis de ma vie. Quelque chose de profond a bougé en moi. Je le sens déjà et c'est également perceptible pour les membres de mon petit groupe. Même si c'est seulement au retour à ma vie quotidienne que j'en prendrai la pleine mesure. Tous les participants se blottissent contre moi pour me faire un dernier câlin rassurant et plein d'amour. Ça fait du bien. Je me sens pleine de gratitude pour chacun et je les remercie pour l'aide apportée. Le soin est terminé.

Je suis toujours fascinée par cette incroyable capacité de l'être humain à se connecter aux autres. Je suis touchée par l'effet démultiplicateur du groupe dans les soins. Chacun a apporté son énergie particulière pour contribuer à ma transformation personnelle. Les barrières tombent. L'implication est totale : tout le monde est présent à 100 % pour me soigner et m'aider à avancer. C'est émouvant et terriblement efficace. J'ai reçu plusieurs soins et ils ont tous été très différents et aussi puissants. C'est une merveilleuse expérience à la fois remuante et enrichissante. Elle m'a fait toucher du doigt toute la profondeur et le potentiel de l'être humain. Beaux moments d'intense solidarité !

Fin du témoignage

La spécificité des soins chamaniques

Lorsque les gens participent à des soins chamaniques avec moi, en stage, ils trouvent souvent cela fort et fascinant. C'est une expérience qui ne ressemble à rien d'autre. Cependant il faut se détourner de cette attraction qu'exerce le soin. Il ne s'agit pas d'un spectacle, et il ne faut pas le faire pour soi-même, ou par plaisir. L'autre doit être le centre du soin, sa raison d'être.

Se retrouver en position d'apporter de l'aide sous forme de soins chamaniques est une situation assez étrange. Cela diffère des autres formes d'aides ou de soins. Que ce soit pour des soins physiques ou psychologiques, l'autre n'a pas la possibilité de comprendre vraiment ce qui est fait, ni comment cela est fait. Certes, il faut essayer de le lui expliquer d'une manière aussi simple que possible, mais on arrive rapidement aux limites de la compréhension humaine, du moins en son état actuel.[6]

Cet abord «mystérieux» qui caractérise les soins chamaniques influe sur la relation d'aide et sur le soin lui-même. Ce n'est pas que ces soins soient magiques, car ils reposent de mon point de vue sur les lois de la nature, mais ils dépassent la connaissance scientifique actuelle et ne nécessitent pas d'être totalement compris - ou plutôt prouvés - pour exister.

D'autre part, les soins chamaniques demandent une implication totale de celui qui les pratique, et dépendent non pas de son savoir, mais de ce qu'il est. Cela demande de s'approcher de la personne aidée d'une façon telle que la relation qui en découle pendant le soin est unique, et nécessite

---

[6] 2015

une totale confiance. Il est également important de dire qu'il n'est pas question de pouvoir sur l'autre et que la participation de la personne soignée est nécessaire.

Lorsque je suis en position de soigner, que ce soit pour des soins physiques ou psychologiques, je me trouve dans une situation compliquée, qui n'est pas forcément confortable. Je suis consciente de l'importance de ce que je fais pour la personne qui demande de l'aide, sensible à sa confiance, touchée par sa souffrance, prudente car je ne peux rien promettre.

Je dois m'approcher pour sentir ce qu'elle vit, partager une part de sa souffrance, parfois affronter le pire, puis avoir la force de le transformer, tout en gardant une juste distance, pour éviter toute forme de transfert. Je ne sais pas non plus comment la personne réagira pendant et après les soins et quel suivi sera nécessaire. Selon la personnalité de la personne aidée, cela peut s'avérer plus difficile que les soins eux-mêmes.

Pour toutes ces raisons, les soins chamaniques ne peuvent être banalisés ou réalisés «à la chaîne», comme dans le cabinet d'un médecin, qui voit défiler des dizaines de personnes dans une journée. Beaucoup de conditions doivent être réunies pour que ces soins aient lieu, en particulier la capacité à prendre du temps pour accompagner la personne, et une demande claire de celle-ci, réalisée dans la compréhension de ce qu'implique le processus d'aide.

D'une façon générale, mes élèves et moi sommes d'accord sur le fait que pour recevoir des soins, les personnes devraient dans l'idéal avoir suivi plusieurs stages avec moi, avoir commencé à travailler sur elles-même avec ma méthode AGI®. En effet, c'est ainsi que non seulement elles seront prêtes pour recevoir des soins, en confiance avec nous, mais aussi qu'elles pourront facilement bénéficier d'un suivi après les soins.

Ce suivi est vraiment nécessaire et plus cela va, plus il est évident pour moi que les soins ont leur juste place dans le cadre d'une démarche de travail sur soi, et non de façon ponctuelle et comme méthode unique ou primordiale de changement.

Arriver dans le cabinet d'un thérapeute inconnu pour recevoir un soin (chamanique ou autre) qui doit changer votre vie, et repartir après une ou deux heures, cela semble dingue, pour quelqu'un qui a vécu des soins et qui est sur ce chemin spirituel.

Dans les chapitres suivants, je fournirai plus de détails sur tous ces sujets. J'aimerais qu'à la lecture du reste du livre, vous gardiez à l'esprit les mots que je viens d'écrire.

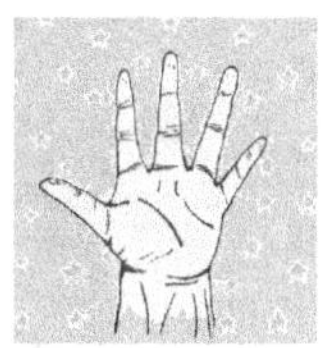

Aider l'autre est participer à la résolution de l'un de ses problèmes.

Un problème est quelque chose qui a une ou plusieurs solutions, ce qui le différencie d'une simple réalité à accepter.

Soigner, c'est aider en faisant quelque chose que l'autre ne peut pas faire.

Les motivations pour aider ou soigner ne sont pas toujours saines. Elles relèvent souvent de choses non réglées chez le soignant.

Au moment du soin, la personne ne peut pas agir elle-même. Mais les soins doivent toujours s'inscrire dans un parcours dont la personne est l'actrice principale et qui la rend active.

Les soins chamaniques demandent une implication totale du chamane et dépendent de son état de conscience, c'est-à-dire du travail qu'il a réalisé sur lui.

Toutes les conditions relatives aux soins en général s'appliquent aux soins chamaniques. Ils nécessitent même plus de prudence, du fait de leur part incompréhensible pour la personne aidée.

Compassion

Si je ne parlais pas de compassion, beaucoup de personnes seraient étonnées, en particulier celles qui me connaissent et mes élèves.

J'ai indirectement abordé le sujet dans le chapitre précédent. Je voudrais tout de suite avertir que vous pourriez avoir une définition de la compassion différente de la mienne. Ici il n'est pas question de perdre son temps à discuter les mots. L'important est de comprendre de quoi on parle.

La compassion est ce qui permet d'aider quelqu'un de façon saine et juste, car elle est totalement impersonnelle, et par conséquent, les actions guidées par la compassion ne sont pas influencées par le passé de celui qui agit, son histoire, ses valeurs ou opinions.

La compassion est un état d'ouverture, sans aucun jugement, dans lequel on est conscient du fait que l'autre est de la même nature que soi. La compassion provient de cette réalisation «spirituelle». Sans celle-ci, il n'y a pas de compassion complète.

Dans l'état de compassion, qui est un état d'amour inconditionnel, on accueille la souffrance de l'autre et on est prêt à l'aider, même si la situation ne nous concerne en rien.

La compassion ne s'adresse pas à une personne plutôt qu'à une autre, elle n'a pas de préférence, elle n'est pas plus pour les victimes que pour les bourreaux : elle est pour tout le monde, puisque tout le monde est de la même nature. Cette caractéristique universelle de la compassion permet de la différencier de beaucoup d'autres choses.

Si vous pensez avoir de la compassion pour une personne parce qu'elle est comme ci ou comme ça, ou du fait de ce qu' elle a vécu, et pas pour une autre personne parce que c'est un criminel par exemple, ce n'est pas de la compassion.

La très grande majorité des gens ne se sentent concernés que par ce qui les touche directement, par ce qui touche leurs proches, ou ce qui pourrait toucher ceux-ci. Il suffit de regarder les actualités. Les gens sont bouleversés par les drames qui touchent des personnes qu'ils connaissent, ou en s'imaginant que les victimes pourraient être leurs enfants, leurs parents, ou eux-mêmes.

Ce que les gens appellent compassion est en réalité le plus souvent une simple identification à l'autre ou à sa souffrance. Notez que dans le même temps, les mêmes personnes détestent, voire haïssent, ceux qui ont causé les souffrances de la personne à qui elles s'identifient. Par exemple, dans le cas d'un meurtre ou d'un attentat, elles détestent le meurtrier ou le terroriste.

Tout cela est normal me direz-vous ? Normal je ne sais pas, mais compréhensible, oui. Ce genre de comportement est le fait de toute personne qui a de l'attachement, et donc un programme, au sens où je l'explique dans mon livre «L'art de la guérison individuelle». Mais ce n'est pas de la compassion. On est là dans un sentiment conditionné, fondé sur le jugement, et le concept de différence de nature entre les êtres. C'est totalement différent - voire le contraire - de l'amour inconditionnel qu'est la compassion.

Ce qui importe pour les gens, c'est avant tout eux-mêmes, leur survie, leur bien-être. Ils se sentent concernés par le sort de ceux qui ont directement ou indirectement une influence sur leur bien-être personnel. Par exemple, ils ne supporteraient pas la mort d'un proche, c'est pourquoi ils se sentent concernés par ce qui pourrait arriver à un proche.

Vous l'aurez compris - du moins je l'espère - dans la plupart des cas, les gens ont envie d'aider une personne quand ils s'identifient à cette personne ou à sa souffrance. Accessoirement, il faut aussi que cette aide ne les mette pas en danger. Ce sont des réactions naturelles : chercher le bien-être, et fuir la souffrance ou ce qui pourrait amener la souffrance.

Plus précisément, cela tient au fait que la partie d'eux-mêmes qui se sent victime, du fait d'événements passés - qui peuvent être très ordinaires (toute forme d'injustice vécue, par exemple dans la famille ou à l'école)- s'identifie à une autre victime, surtout quand elle leur ressemble.

Ce livre parle d'aide. Cette identification à l'autre qui n'est pas de la compassion n'est pas propice à une aide saine.

Seule la compassion garantit la justesse des actes. En effet, la compassion provient de la plus haute réalisation spirituelle, la réalisation de la nature de l'esprit, ce qui revient à ce que j'ai écrit plus haut, réaliser la nature de toute chose. De ce fait, la compassion va toujours de paire avec la sagesse. Il s'agit de voir les choses telles qu'elles sont.

En sortant du contexte spirituel, la compassion signifie voir les gens tels qu'ils sont, comprendre les situations qu'ils vivent, sans aucune forme de projection[7]. La compassion pousse aussi à agir, mais pas si cela peut entrainer plus de confusion, du fait de la sagesse qui l'accompagne. La

---

[7] Par projection, comprendre interprétation, supposition, projection de sa propre histoire

compassion ne pousse pas à agir en dépit du bon sens, ou sans sagesse. S'il n'y a pas de sagesse, il n'y a pas de compassion.

Bien entendu, aucune personne n'est infaillible, même éveillée spirituellement, et personne ne peut prédire l'avenir et la façon dont les autres réagiront. Mais la façon dont on perçoit et agit par compassion diffère vraiment de ce qui peut être perçu et fait par pitié ou identification à la souffrance de l'autre.

Lorsque l'aide est motivée par autre chose que la compassion cela comporte des risques à prendre en considération. D'une part, parce que la façon dont la situation de la personne aidée renvoie directement au passé ou aux blessures de celui qui prétend aider ne permet pas une approche objective des problèmes à régler et de l'aide à fournir.

D'autre part, parce que l'aide et l'amour apportés seront conditionnés : en résumé, on ne sera pas apte à aider tout le monde de la même façon. C'est un problème auquel sont confrontés les personnels soignants, les thérapeutes, etc.

Comme le disent les bouddhistes, seul un bouddha peut aider tout le monde. Du coup cela limite vraiment les candidats possibles pour être thérapeute.

(Rires)

Sérieusement, il serait inconscient de ne pas tenir compte de ce problème et de considérer que le savoir et l'expérience peuvent suffire à aider. Il serait vraiment dangereux de ne pas se préoccuper des motivations de celui qui veut aider, ou d'ignorer son développement personnel. Chaque personne qui prétend aider doit travailler sur elle-même et aller aussi loin que possible sur ce chemin afin de proposer une aide de qualité.

Il est nécessaire d'être particulièrement exigeant sur ce point et d'être toujours particulièrement attentif à ce qui se passe en soi.

J'écrivais plus haut que les motivations pour aider l'autre sont rarement saines. C'est ce qu'on constate lorsque l'on applique les règles du développement personnel et qu'on utilise les outils de ma méthode[8], car elle permet de trouver les causes profondes des émotions et comportements, et donc nos motivations réelles.

Nombre de mes élèves sont venus à moi avec l'intention d'aider les autres, et, au cours de leur travail sur eux, ont perdu cette envie. En effet, ils ont découvert à quel point celle-ci provenait de leur souffrance personnelle, de leurs conditionnements. Une fois leurs propres blessures guéries, l'envie d'aider n'était plus là.

---

[8] AGI®

La compassion est impersonnelle.

La compassion ce n'est pas s'identifier à la victime ou à sa souffrance, ce n'est pas s'imaginer dans sa situation.

La compassion est pour tout le monde, même les bourreaux, les meurtriers, sinon cela n'en est pas.

Comment je vois les gens

L'enseignement que je donne, l'aide que je tente de fournir à ceux qui la demandent, sont conditionnés par ma perception, la façon dont je considère l'autre.

Il me semble utile de dire ces choses-là car cela permet de placer les soins chamaniques et toutes les actions dont je parle dans leur contexte.

Je perçois les autres à différents niveaux. En effet, tout être humain peut connaître différents niveaux de perception ou états de conscience. Les différentes façons de percevoir l'autre correspondent à différents états de conscience.

Tout d'abord, au niveau le plus profond, je perçois l'autre comme étant moi et non un être différent de moi. J'espère trouver les mots pour que vous compreniez, ami lecteur. A un certain niveau, je perçois tout le monde, chaque personne que je rencontre, comme étant un seul être, qui a différentes formes.

Je pourrais dire aussi que de ce point de vue je perçois que mon être, qui est illimité, vit diverses expériences à travers des milliards d'êtres humains (pour n'en rester qu'à l'humanité, histoire de simplifier le discours).

Dans cette perception il n'y a pas vraiment l'autre et moi. Nous sommes tous le même être. Cela peut faire penser à ces champignons géants qui font des kilomètres de large, et qu'on voit en apparence sous la forme de plein de petits champignons «séparés». En réalité, il n'y a qu'un seul champignon, un seul être. L'être global vit avec une multitude de formes et de corps, une multitude d'expériences.

Cette vision peut vous sembler tout à fait étrange, ou même psychotique. Vous avez le droit de penser ainsi, pas de problème, je suis peut-être folle, après tout ! Mais cette perception n'est pas dérangeante du tout, au contraire. Elle présente de nombreux avantages. De mon point de vue, peu importe ce qui m'arrive vraiment, peu importe ma mort en tant que personne, car l'être continue, et peu importe tout ce que je ne vivrai pas dans cette vie, car vous, vous le vivrez pour moi. Aucun moyen d'être jaloux du succès du voisin, car ce voisin, c'est aussi moi.

Le niveau de perception suivant, qui cohabite bien sûr avec celui que je viens de décrire est ainsi : La personne en face de moi est un autre humain, c'est mon frère ou ma soeur. Il ou elle subit la condition humaine, comme moi, il est soumis à la souffrance inévitable de la vie humaine, c'est un être sensible et je partage tout ce qu'il peut ressentir.

Ce niveau est vraiment celui de la compassion. Là, l'autre est «comme» moi. C'est assez différent de la perception précédente. En effet, là, l'autre est considéré comme un être distinct, qui vit sa vie, bien différente de la mienne, mais cette vie est soumise exactement aux mêmes règles que la mienne. Etant un être humain comme l'autre, je peux le comprendre.

Quand je travaille avec les gens, c'est cette perception qui domine. C'est quelque chose de très fraternel, de l'ordre de «mon cher ami, nous sommes dans la même galère, je comprends tout à fait ce que tu ressens». Tous les êtres humains ressentent les mêmes choses, partagent la même condition, souffrent et essaient de trouver le bonheur. Toute ma vie est portée par cette vérité, tout ce que je propose, enseignement, rendez-vous, soins, est conditionné par cette vérité et existe à cause de celle-ci.

La perception de la souffrance de l'autre, sa compréhension, justifient l'existence de l'aide. Je suis totalement consciente que la plupart des gens se perçoivent eux mêmes comme tout à fait séparés des autres, et souvent, seuls au monde. Je respecte tout à fait la vie privée de chacun, et suis très attentive à me situer toujours à une distance juste pour cette personne. Ce sentiment de séparation, cela fait aussi partie de la condition humaine, et je le comprends. La solitude qu'il entraine est le ressenti le plus partagé par les êtres humains.

Le fait primordial lorsque je suis en position d'écoute d'une personne qui demande de l'aide, c'est l'absence de jugement. Le fait d'avoir travaillé sur moi me permet de ne pas juger. En, effet, le programme des gens filtre la réalité, la déforme et la juge en permanence. Lorsqu'il disparait, on perçoit ce qui est sans le juger.

Dans la vie, on catégorise et on juge. Il y a les gentils et les méchants, les riches et les pauvres, les gens célèbres et les anonymes, les patrons et les ouvriers, les blancs et les noirs, les musulmans, et les chrétiens, les hommes et les femmes. Nous avons tous appris à juger, à étiqueter. Ces jugements font partie du programme; c'est-à-dire de nos conditionnements, et aussi de nos gènes, de l'histoire de notre espèce. En partie de façon inconsciente nous avons besoin de savoir à quel groupe nous appartenons et à quel groupe l'autre appartient. Celui qui n'est pas dans notre groupe est une forme d'étranger ou même d'ennemi potentiel. Sur la base de cela, toutes les violences sont possibles.

Les soins chamaniques, et l'aide en général, nécessitent d'abolir ces différences. Ils ne peuvent être pratiqués sans cela. La perception que j'ai des gens et que j'ai évoquée plus haut, est incompatible avec ces catégorisations. Laissez moi vous dire, si vous en doutez, que tous les gens souffrent de la même façon et ont les mêmes besoins, qu'ils soient riches ou pauvres, célèbres ou anonymes, noirs ou blancs, homme ou femme[9] etc. S'imprégner de cette vérité est indispensable si l'on souhaite changer un tout petit peu sa vie, le monde, ou pratiquer un soin chamanique.

Mes façons de percevoir l'autre me permettent d'aider beaucoup de gens, et d'être très ouverte. Il n'y a rien qui soit trop horrible pour que je ne puisse aimer quelqu'un, et il n'y a rien qui puisse faire que je le juge indigne d'une main tendue.

Cependant, cela ne fait pas de moi une imbécile ou une fille naïve. J'ai une grande expérience de la vie et j'ai perdu ma naïveté. Il m'a fallu du temps, et ce fut douloureux. Je sais de quoi sont capables les gens, et ça peut être très moche. Je sais dire «non», et quand il faut le dire. Je suis prête à tendre la main, oui, mais pas à ceux qui en profiteraient pour mordre, qui ne sont pas capables de la saisir, ou ne font pas l'effort nécessaire pour cela.

Je n'accepte pas tous les comportements et n'accepte pas de perdre mon temps avec des personnes irrespectueuses. Beaucoup de gens croient que l'amour les rend vulnérables. Mais ce n'est pas l'amour qui les rend vulnérables, ce sont leurs attentes, leurs manques, leurs programmes. C'est par exemple, de vouloir aider l'autre pour être aimé, ou reconnu comme quelqu'un de bien.

Aimer ne nécessite pas de voir les gens meilleurs qu'ils sont. L'amour voit la réalité, et aime tout de même, mais aimer

---

[9] homme ou femme, ça me semble important d'insister sur cette pseudo distinction car pour moi elle est tout aussi fausse que les autres, et encore plus couramment ancrée dans les programmes des gens.

ne signifie pas se laisser maltraiter. Si vous êtes au milieu de barbares, aimez les dans votre coeur, mais ne les laissez pas vous détruire pour autant. Cela ne serait ni sagesse ni compassion.

J'ai l'intention de consacrer un livre entier sur le sujet de l'amour, ce qui, je pense, sera utile.

Je sais que les gens agissent selon leur programme et il ne faut pas que je l'oublie, sinon, je serais en danger. Cette façon de percevoir l'autre peut être considérée comme ma troisième perception. Tenir compte du fait que l'autre se perçoit comme un être séparé, qui est de fait, blessé, ne s'aime pas beaucoup, a de nombreuses peurs, permet de ne pas oublier que le comportement de cette personne relève principalement de la peur et non de l'amour et que ces comportements ne sont pas forcément adaptés ou acceptables.

Il ne s'agit pas de m'exposer comme une proie et d'oublier cette réalité.

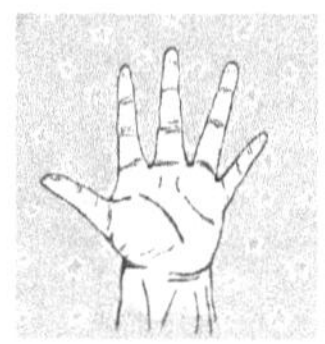

On peut percevoir l'autre à différents niveaux, qui correspondent à divers états de conscience et qui sont tous vrais.

Ces perceptions peuvent être simultanées.

L'amour n'est jamais se laisser maltraiter ou faire la part de l'autre.

Aussi singulier que cela puisse paraître je suis dans l'obligation de sélectionner les personnes avec lesquelles je vais travailler, que ce soit à travers des stages ou des rendez-vous.

Il y a à cela plusieurs raisons évidentes.

La plupart du temps une volonté de travailler sur soi est indispensable. Elle l'est bien entendu pour les stages qui sont dédiés à cela, mais aussi pour les soins, car la part psychologique des problèmes est quasiment toujours présente. Cela nécessite donc avant tout que la personne veuille se prendre en main, et soit sincère dans sa démarche. Il faut aussi qu'elle accepte d'être confrontée à des émotions, et de se remettre en question.

Il y a des choses qu'on ne peut pas faire à la place des gens n'est-ce pas ? Par exemple, accepter la réalité, accepter une situation, une souffrance, méditer ou pratiquer ce qui doit l'être. Si on prend la nécessité d'accepter - je ne le fais pas au hasard, car derrière toute souffrance se trouve une réalité que la personne refuse- beaucoup de gens demandent de l'aide en croyant que cela leur épargne le fait de devoir accepter les réalités qu'ils ne supportent pas. Eh bien non ! L'aide apportée n'enlève jamais à quelqu'un la responsabilité de sa vie. Qui peut accepter à votre place ? Quelle pilule miracle pourrait vous faire accepter la réalité ? Cela n'existe pas. Accepter demande du temps, et ce temps vous devrez le prendre. On peut vous accompagner, vous aider, sur le chemin de l'acceptation, mais pas vous faire accepter par magie.

Il en est de même pour un grand nombre de changements à réaliser dans votre vie. Personne ne peut prendre vos décisions à votre place, faire vos choix à votre place. C'est à vous de poser les actes qui sont nécessaires à votre bonheur, que ce soit de faire cesser une relation ou de vous lancer dans une nouvelle entreprise. Personne ne peut le faire à votre place et le seul moyen pour vous d'être heureux, c'est d'agir pour votre bien.

J'enseigne des outils, je propose des stages et des rendez-vous, je donne écoute et compassion, et même des soins, bref, tout ce qu'on peut donner pour aider, mais votre vie est entre vos mains à vous.

Quand bien même il s'agit de traiter un problème purement physique, comme les suites d'un accident, il sera toujours nécessaire que la personne s'implique dans ce travail, ne serait-ce qu'en se déplaçant régulièrement, en donnant des nouvelles, et en collaborant de toutes les manières possibles à sa guérison. Cela peut être par exemple en veillant à son alimentation, en limitant certains mouvements, en cessant certains sports.

Celui qui demande de l'aide doit comprendre cela. Les personnes qui cherchent juste «un coup de baguette magique» qui résoudra leurs problèmes à leur place, ne sont pas sur la bonne voie. De plus, procurer des soins à des personnes qui ne feront rien pour éviter d'avoir à nouveau les mêmes problèmes est pour moi une perte de temps.

Je pense bien sûr que toute personne a le droit de recevoir des soins. Mais mon temps, mon énergie, ma disponibilité, ne sont pas extensibles indéfiniment : Je ne suis qu'un être humain. Il me faut donc faire ce que je peux faire de mieux, de la meilleure façon possible. Nous sommes dans un pays où l'accès aux soins est très facile, comparativement à d'autres régions du monde. Les personnes qui désirent aller mieux sans changer quoi que ce soit de leur vie ou de leur façon de voir, ont à leur disposition un très grand nombre de praticiens prêts à les recevoir. Certes cela ne fonctionnera pas forcément, mais à l'impossible nul n'est tenu.

Il me faut éviter de prendre en charge des personnes qui ont de lourds problèmes psychiatriques. Ce n'est pas qu'on ne puisse rien faire pour elles, mais les aider nécessiterait une organisation que je ne suis pas à même de proposer, c'est-à-dire, un travail d'équipe, une surveillance et un suivi quasi permanents pendant plusieurs semaines. Ce n'est pas quelque chose qu'une personne seule peut mener à bien. Quelles que soient mes aptitudes, il y a des limites à ce que peut faire une personne isolée.

La limite entre la normalité et la pathologie est difficile à définir. Elle n'est ni fixe ni rigide. Je suis bien placée pour savoir que la quasi totalité de la population refuse une partie de la réalité[10] et la perçoit d'une façon déformée. Il y a différents degrés dans le refus de la réalité, et malheureusement rien ne garantit qu'une personne ne dépassera pas à un moment, la limite qui lui permet de fonctionner. Mon expérience m'a prouvé que les prédictions des psychiatres ne sont pas toujours justes. Malgré ce qu'on pourrait penser, ce ne sont pas forcément les personnes qui ont des antécédents psychiatriques, ou dont les parents en ont, qui présentent le plus de risque de perdre leur équilibre psychique[11].

---

[10] Une partie très vaste, en fait.

[11] Ce que les psys appellent décompenser.

Au fond de personnes en apparence bien intégrées socialement, cohérentes, saines, équilibrées, se cachent nombre de frustrations, souffrances, peurs, qui pourraient un jour les mener à perdre pied. Certaines circonstances de vie, ou même la volonté de travailler sur soi, peuvent les pousser dans leurs retranchements. Il n'est donc pas évident de savoir avec certitude si je dois accepter ou refuser de travailler avec quelqu'un. Dans tous les cas, l'avenir n'est pas écrit : beaucoup de circonstances indépendantes de ma volonté influent sur la façon dont se passent les choses. Néanmoins, je dis «non» chaque fois qu'une personne n'est pas cohérente, ou présente une forme de délire auquel elle croit complètement.

C'est aussi le cas lorsque la personne présente des problèmes moins graves mais qui nécessitent d'être suivie près de chez elle. Certaines personnes ont des difficultés, des angoisses, qui nécessitent un suivi de proximité et très régulier. Si celui-ci existe, cela laisse beaucoup de possibilités pour travailler. Si la personne est dans une situation qui demande un suivi régulier et qu'elle est trop loin pour que je lui fournisse, alors il me faut dire «non».

Il existe aussi des personnes qui ne seront pas capables de respecter un cadre, des règles, ma personne, ou le travail que je fais. Certaines personnes qui disent être dans une grande détresse chercheront à négocier tout ce qui est proposé, que ce soit le tarif, (certains pensent que tout doit leur être donné), la durée, le fait de devoir se déplacer. Dans ce cas, je ne travaillerai pas avec elles. Leur comportement montre clairement qu'elles ne sont pas prêtes à faire leur part dans ce travail.

Toute relation, de quelque sorte qu'elle soit, doit être fondée sur le respect des deux parties. Le fait de souffrir ne donne aucun droit en soi. Beaucoup de personnes passent leur temps à se chercher des excuses pour ne pas avoir à assurer dans leur vie. Dans un contexte de relation d'aide, si le soignant se laisse faire, c'est très malsain. Aider n'est jamais se sacrifier.

J'insiste sur le fait, que même si le chamane doit aller vers l'autre, la personne aidée devra aussi se laisser approcher, et faire sa part de «travail». Un soin chamanique, comme tout accompagnement en général, est une collaboration, un bout de chemin parcouru «main dans la main». Il faut donc qu'une personne qui demande de l'aide y mette du sien, soit très sincère, prête à s'ouvrir du mieux qu'elle peut. Tout ne peut pas venir de la personne qui aide. De plus la rencontre de deux bonnes attitudes doit permettre de créer du lien, sans lequel le soin chamanique n'est pas possible.

L'une des choses les plus importantes est donc de savoir dire non dès que l'une des conditions nécessaires à une bonne pratique n'est pas remplie, que ce soit dès le premier contact, ou plus tard.

Cette règle de bonne conduite va bien entendu à l'encontre des motivations purement pécuniaires de certains. Il faut savoir refuser des «clients».

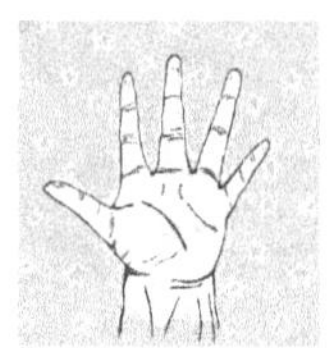

Les soins ne peuvent avoir lieu que dans des conditions précises.

Il faut savoir dire «non», et refuser de travailler avec les personnes qui ne s'inscrivent pas dans un cadre permettant une bonne pratique.

Le soin chamanique ne doit jamais être considéré comme un coup de baguette magique. Il nécessite la collaboration de la personne aidée. Il existe des choses qu'on ne peut pas faire à sa place, accepter en est une.

De quoi ont besoin les gens ?

L'aide que l'on apporte, sous forme de soin chamanique, ou sous d'autres formes doit bien entendu répondre aux besoins de ceux qui demandent de l'aide, mais seulement tant que cela reste sain.

Quels sont les besoins des gens ? En particulier, quels sont les besoins d'une personne qui va mal et cherche de l'aide ? Qu'est-il important de lui apporter ? Je vais répondre à ces questions sur la base de mon expérience, c'est-à-dire, en me fondant sur tout ce que j'ai pu observer, dans ma propre vie, dans les soins, et en enseignant.

Bien sûr, les besoins des personnes sont différents. C'est la première chose à prendre en compte. On ne peut pas appliquer des recettes toutes faites. Pour aider, il faut avant tout être à l'écoute de cette personne unique qui demande de l'aide.

Sur mon parcours j'ai été dirigée par l'écoute des autres. Cela m'a menée à sentir les situations et les besoins des autres, et à y répondre, d'abord spontanément et de façon non réfléchie, puis de façon carrée et efficace.

Voici une petite liste des principaux besoins des gens :

✦ entendre la vision de quelqu'un qui y voit clair, qui met de la clarté là où règne la confusion

✦ être écouté vraiment

✦ être accueilli sans jugement

✦ cesser de se raconter des histoires sur son problème.

✦ cesser d'alimenter son histoire personnelle en la ressassant

✦ expérimenter un contact réel, et parfois un contact physique (cela peut simplement être prendre sa main)

✦ sentir du lien : se sentir exister pour l'autre, et entrer en réelle communication avec une vraie personne... (pas avoir devant soi un thérapeute qui joue son rôle et manipule à sa façon)

✦ voir le côté positif des choses

✦ du temps

✦ de l'énergie (les gens sont souvent en manque d'énergie, fatigués, voire épuisés, autant mentalement que physiquement)

✦ recevoir un enseignement sur de nombreux sujets tels que l'amour, la responsabilité, etc.. Car la cause de la souffrance vient souvent d'une mauvaise compréhension/ vision de la Vie/des situations.

✦ recevoir des conseils,

✦ se sentir accompagné : il faut combattre ce sentiment de solitude si profond et qui nie la vérité, redonner à l'autre une place.

✦ suivi et régularité car on ne change pas en un jour

✦ des outils pour être autonome et pouvoir se prendre en main, apprendre à se guérir soi-même (ce que je propose depuis toujours avec les stages)

✦ apprendre à calmer le mental, un vrai enseignement de la méditation s'impose.

✦ distinguer pensées et émotions

✦ rencontrer amour et compassion

✦ avoir une expérience d'une réalité positive

✦ récupérer leur pouvoir par des actes et des choix, passer à l'action dans le bon sens

✦ bénéficier d'une aide directe parfois, donc éventuellement de soins, de l'aide de quelqu'un qui met la main à la pâte.

✦ de s'appuyer sur une personne solide qui ne va pas flancher face à des choses qui leur fait peur, à eux.

✦ de travailler avec une personne saine qui ne se laisse pas maltraiter et n'entre pas dans le jeu de leur programme.

C'est le patient qui guérit

N'en déplaise aux égos de certains guérisseurs/chamanes/ sorciers, c'est d'abord le patient qui guérit, qui se guérit. Rien ne peut être fait sans sa collaboration, sans une ouverture dans son esprit, qui offre la possibilité de changer. Je dis souvent «je ne fais rien aux gens».

D'un certain point de vue cela peut paraître faux, en particulier pour certaines formes de soins physiques. Mais ce qui est certain c'est que d'une façon ou d'une autre, tout ce qui est fait est toujours le fruit d'une collaboration. De plus, quoi qu'on fasse, et quel que soit le pouvoir personnel dont on dispose, si une personne pour une raison ou une autre, consciente ou inconsciente, ne veut pas guérir, elle ne guérira pas. Cela ne signifie pas alors que ce qui a été fait a été mal fait, mais la personne a toujours plus de pouvoir sur elle que nous. Cela reste vrai même dans le cadre de la médecine moderne occidentale. C'est également valable pour toute personne, pour vous-même : personne n'a plus de pouvoir sur vous que vous-même.

Quoi que l'on fasse, aussi bien que cela soit fait, cela peut être défait s'il s'agit seulement de changements au niveau énergétique. C'est le cas par exemple pour les voyages chamaniques. Cela ne signifie pas que ce qui a été fait était inadapté, ou inachevé, mais cela signifie que si une personne n'est pas prête à changer, ou ne dispose pas d'un contexte nécessaire pour intégrer le changement, elle peut revenir en arrière, dans une certaine mesure.

Cela est vrai également pour ce qu'on réalise pour soi-même. Il arrive aussi tout simplement que le travail soit inachevé parce que la personne n'est pas prête à ce que l'on aille plus loin. Les conditions dans lesquelles les choses se passent sont donc au moins aussi importantes que ce que l'on est capable de transformer en matière de soin.

C'est le patient qui guérit. La guérison ne peut jamais
aller contre sa volonté profonde.

Personne n'a plus de pouvoir sur vous que vous-même.

Soigner, c'est toujours collaborer avec le pouvoir
personnel de la personne aidée.

Le bon moment, la bonne personne, la bonne approche

Une personne peut consulter un nombre infini de thérapeutes ou de médecins sans que cela améliore son état. Cela peut même l'aggraver.

Le bon moment

La chose la plus importante pour aborder un problème et le régler, c'est que ce soit **le bon moment.** Qu'est-ce qui fait que c'est le bon moment ? Un grand nombre d'éléments dont la plupart ne sont pas maîtrisables.

Il s'agit surtout d'un état psychologique chez la personne qui demande de l'aide. Il faut que cette personne soit prête à accueillir ce changement, et que les causes du problème puissent être touchées. Pour cela, il faut parfois qu'un certain nombre d'autres choses aient été réglées auparavant. Très souvent, les gens ont l'idée de travailler sur telle ou telle chose, mais n'ont pas idée des réelles causes de ces problèmes. Il ne sert généralement à rien de vouloir les prendre de front.

L'un des principes des soins en général, c'est qu'on ne peut pas prévoir à l'avance ce qui devra être fait et dans quel ordre. Il est donc inutile de se dire à l'avance qu'on agira de telle ou telle façon. Quand une personne demande de l'aide, il est impossible de savoir ce qui se passera ou devra être fait. Une personne compétente ne fait aucune promesse, ne prend jamais rendez-vous pour un soin qui donnera tel ou tel résultat

La seule chose à faire est de sentir ce qui peut être fait maintenant, et comment. Il est très rare que les soins se passent exactement comme on l'imaginait. Dans le cas de soins purement mécaniques ou physiques, on a une certaine capacité à prévoir, mais seulement s'il n'y a aucune part psychologique dans le problème, ce qui est rare.

<u>La bonne personne</u>

La seconde condition pour qu'un soin se passe au mieux, c'est que le patient rencontre **la bonne personne**. Soigner «chamaniquement» n'est pas une affaire de technique, c'est une affaire de personne, uniquement. En général il se passe quelque chose si le patient rencontre la bonne personne. Cette bonne personne c'est à la fois, celle qui lui inspire confiance, celle en qui il croit, celle qui saura l'accueillir, celle qui saura aller à sa rencontre, celle qui saura sentir ce qui se passe et au final, celle qui a la capacité d'agir.

Je pense aussi que si l'on veut vraiment bien travailler, c'est-à-dire accompagner la personne sur son chemin de transformation personnelle, il est nécessaire que le lien entre le guide et le «patient» existe, soit fort et sain.

Ce lien se crée par une véritable écoute de la part du chamane, mais aussi par une participation active de la personne qui demande de l'aide et qui accepte de laisser tomber quelques barrières. Même si on fait de grands pas vers l'autre, celui-ci devra toujours faire au moins un petit pas.

Aucune de ces conditions ne repose sur un aspect technique. Une question d'énergie est souvent en jeu également : il faut être apte à transmettre et utiliser l'énergie adéquate.

La bonne approche

Ensuite, il reste l'**approche**. Beaucoup de soignants, pour ne pas dire tous, ont appris un certain nombre de techniques, de savoirs, et les mettent en pratique sur les gens. Si ce qu'ils ont appris est approprié à ce moment là pour cette personne-là tant mieux, mais ce n'est pas forcément le cas.

Quand je parle d'approche je ne parle pas de techniques. Vous vous imaginez sans doute que par «la bonne approche», il s'agit de choisir la bonne technique. En général, les gens se demandent s'ils vont consulter un kinésiologue, un psychologue, un hypnothérapeute, ou même éventuellement un chamane, comme si les différents titres de ces personnes correspondaient à différentes voies de guérison.

En réalité, il n'existe qu'une seule manière de guérir, et de transformer ce qui doit l'être, quelle que soit la technique employée. Si vous allez voir une personne qui fonde tout son travail sur un seul outil, une technique, alors ce qu'elle propose est très limité. Les outils sont interchangeables, seule la démarche et la capacité de la personne à la mettre en oeuvre, à la percevoir, et à s'adapter à chaque cas, compte. Normalement il faut plusieurs outils pour travailler sur soi, tout cela étant inclus dans une seule démarche, qui est unique.

Il n'y a qu'une seule façon de guérir, mais de nombreux outils pouvant intervenir sur ce chemin de guérison.

Dans le cas de soins chamaniques l'essentiel est d'aborder l'autre sans aucun a priori. Chaque patient nécessite une approche unique. Et dans la mesure du possible il faut adapter tout ce que l'on sait au patient, et créer de nouvelles techniques, ou pratiques, chaque fois que nécessaire. Ainsi, le renouvellement est perpétuel, et rien n'est jamais acquis.

Aller à l'essentiel est également un principe de guérison important. Pour chaque personne, il y a sans doute de nombreuses choses qui pourraient être faites. Lorsque l'on commence à sentir ce qui se passe pour quelqu'un - ou bien lorsqu'on le cherche en utilisant une technique ou une autre- on est toujours susceptible de trouver quelque chose. Comme je l'ai dit plus haut, quand bien même ce qu'on trouve existe - ce qui n'est pas forcément toujours le cas-, cela ne veut pas dire que ce soit le moment de le régler.

Mais au-delà de cet aspect, on peut se perdre facilement parmi tous les signaux «émis» par une personne, que ce soit des signaux physiques, ou des émotions. Il y a toujours beaucoup à percevoir, mais il faut s'efforcer d'aller à l'essentiel. En allant à l'essentiel, on contourne souvent toutes sortes de difficultés.

Par exemple, en se tenant près d'une personne on peut sentir qu'elle mal à la tête, mal au dos, qu'elle est triste, mais aussi qu'elle a peur, qu'elle se sent coincée, etc.. La bonne approche consiste à aller aussi profondément que possible. La plupart du temps se focaliser sur les détails de surface n'est qu'une perte de temps.

Beaucoup de choses sont transformées par simple principe de cause à effet, automatiquement, quand l'essentiel a été réglé. Dans l'exemple donné précédemment, chacun des symptômes cités est susceptible de n'être qu'une conséquence d'un problème plus profond. Quand on règle le problème en profondeur, alors le mal de tête et le reste partent en même temps.

La meilleure approche est donc celle qui va le plus en profondeur, qui discerne ce qu'il y a derrière les différents signaux émis par la personne, ou ses différents symptômes.

Témoignage de Marie

Pour mon premier soin, il m'a fallu d'abord accepter que des personnes qui m'étaient complètement étrangères « plongent » en moi, dans mon intimité, me touchent physiquement soit par le contact des mains, soit en s'allongeant sur moi dans un contact ventre à ventre pour mieux sentir. Or, j'avais beaucoup de difficulté avec le toucher (en dehors de personnes qui me sont proches) ... Paradoxalement, je me suis malgré tout toujours sentie en confiance et en sécurité et petit à petit j'ai appris à me détendre, entourée de personnes que je sentais bienveillantes parce qu'en fait ce que je souhaitais par-dessus tout, mon intention absolue, était de guérir, sortir de mon mal être, alors je n'avais pas d'autre choix que de faire confiance.

Ce premier soin fut pour moi spectaculaire car il souleva en moi une énorme montée d'émotions, de souffrance (sanglots, spasmes dans tout le corps) mais je ne pouvais pas y mettre de nom parce qu'à cette époque je ne savais pas que je n'acceptais pas d'avoir ni de voir ma souffrance, d'avoir du mal être ... je croyais que c'était une sorte de comédie que je jouais pour qu'on s'intéresse à moi ...La seule chose que je savais c'est que je ne pouvais plus continuer comme cela , ma conscience des choses s'arrêtait là

Ce premier soin je l'ai vécu de façon merveilleuse : tout un groupe de gens qui nous place au centre de tous leurs faits et gestes pendant la durée du soin, qui nous donnent de l'attention, de l'amour, de la bienveillance ... il en sort forcément du positif.

Par la suite , quand j'ai vraiment travaillé sur moi avec les outils de Valérie, les soins me montraient bien où j'en étais … au bout d'un an j'ai pu enfin reconnaitre ma souffrance à l'issue d'un soin , cela parait bête à dire … mais j'en parlais , je me sentais pas bien dans ma vie mais je n'avais jamais plongé dans le ressenti de cette douleur , d'ailleurs je ne l'acceptais pas cette douleur , je ne la trouvais pas légitime , comment se défaire alors de quelque chose qu'on pense ne pas exister ?

Là encore ce sont des élèves plus avancés dans leur travail de DP qui ont réussi par le biais d'un voyage chamanique à me la montrer puis à me la faire sentir.

Cependant il m'a encore fallu du temps pour l'accepter puis entamer un long travail pour m'en défaire.

L'apprentissage de l'amour s'est également fait par le biais des soins chamaniques : au début quand on m'envoyait ou soufflait de l'amour cela m'enchantait mais en fait j'étais incapable de le recevoir et un jour j'en ai pris conscience parce que cette fois là Valérie a accepté de me faire un soin, chose que tout débutant, je crois, attend avec ferveur parce que en tant que débutant je me disais que son amour à elle était tellement fort que forcément j'allais le sentir et en profiter …mais ce jour là j'ai découvert que non seulement je ne le sentais pas mais que surtout je n'étais pas prête à le recevoir, une partie de moi le refusait…cela me rendit extrêmement triste mais me permit d'orienter mon travail vers l'amour par la suite et notamment l'amour de moi.

Tout cela me permet de dire que sans l'aide des autres le travail se ferait sans doute, mais bien plus lentement.

L'accompagnement des autres (élèves , formateurs) est nécessaire, cependant, dans un soin chamanique, notre participation en tant que patient est importante. Nous devons être dans la confiance et l'acceptation de vouloir traiter une problématique qui nous est apparue ; les autres vont nous donner des pistes, des indications mais je crois que seul le pouvoir de notre intention permettra une transformation voire une guérison par un travail quotidien appliquant les règles de AGI.

 Les autres apportent leur ressenti, et peuvent nous aider à y voir plus clair au cours d'un soin à condition bien sur que les soigneurs évitent toute projection ou interprétation de leur ressenti nous concernant

Ils peuvent également nous aider à transformer des croyances ou des attachements, des idéaux ou autre source de souffrance , à condition que nous y soyons prêts

 Pour moi, la guérison ne viendra pas uniquement de l'aide des autres, la guérison viendra de ce qu'on fera de cette aide, de notre propre travail, à moins que le soignant soit exceptionnellement expérimenté et sente que la transformation de la souffrance est possible et que seul lui pourra l'induire à cet instant précis.

Fin du témoignage

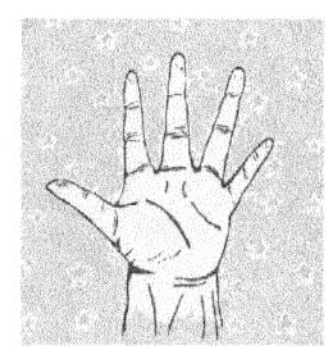

Pour que le soin soit possible, cela doit être le bon moment pour ce changement. Il ne faut rien brusquer.

On ne peut pas - et il ne faut pas - prévoir à l'avance ce qui devra être fait pendant le soin.

La personne qui demande de l'aide doit rencontrer la bonne personne. Celle-ci devra avoir les compétences pour l'accompagner, sentir ce qui doit être fait, et le réaliser.

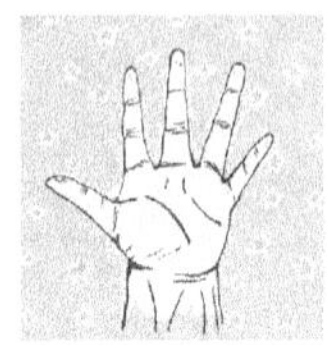

La personne qui demande de l'aide doit aussi faire un pas vers l'aidant. Elle doit se laisser approcher, et le lien doit se créer.

La bonne approche consiste à aller à l'essentiel de ce qui peut être fait ce jour-là, sans attente, sans vouloir, sans idée préconçue, et à avoir une vue large de la situation.

Il n'y a qu'une seule façon de guérir, mais de nombreux outils peuvent intervenir sur ce chemin de guérison.

Le lien

Dans les pages précédentes j'ai plusieurs fois parlé de lien, et il est probable que ce mot revienne dans la suite du livre.

Il me semble donc utile de le préciser.

Vous pensez sans doute que vous avez des liens avec certaines personnes, par exemple, vos amis, ou vos parents. J'ai demandé à plusieurs personnes comment elles définissaient le lien et c'est ce qu'il en est ressorti : un lien provient d'une relation forte, des moments partagés, etc. Il m'a semblé que c'était assez difficile pour elles de me donner une définition claire, cependant.

Le lien est l'une des choses dont les gens ont le plus besoin, mais d'une part, on ne sait pas exactement de quoi il est fait, et d'autre part, la sensation d'en manquer est très répandue.

Le lien dont je parle dépasse largement le cadre familial ou amical. C'est vrai qu'il n'est pas aisé de le définir. Pour moi un lien se crée avec une personne dès lors qu'on est en contact avec elle. Par exemple cela peut se manifester suite à un simple échange d'emails avec une personne que je n'ai jamais rencontrée. Cela se manifeste quelquefois de façon inattendue. Par exemple, je sens ce qu'elle ressent[12] ou je sens quand elle me répond, au moment même où elle le fait.

J'ai le sentiment que créer du lien est la chose la plus naturelle qui soit et qu'il suffit d'entrer en contact par un moyen ou un autre. Lorsque l'on entre en contact avec une

---

[12] principalement dans le cas de ressentis très forts

autre personne, que l'on prend connaissance de son existence en tant qu'individu, c'est comme si dans le tissu de l'espace temps deux petits points étaient reliés et pouvaient clignoter ensemble, en phase.

Je me rends compte de la naïveté de cette image, mais ce sont vraiment les mots qui me viennent. Une fois que ce lien qui relie les deux points, les deux individus, existe clairement, alors il peut y avoir des échanges entre les deux points. Ce sont des échanges d'informations, de ressentis, d'énergie. Même si des échanges peuvent exister à un niveau global, sans que l'on en soit conscient, lorsqu'il y a un lien, il me semble que les échanges sont plus nombreux, et plus facilement conscientisés. L'image de deux points reliés, comme lorsque l'on relie deux points dans un circuit électrique, me semble assez parlante.

Bien entendu tous les liens ne sont pas de la même qualité ou de la même importance. Si mon seul contact avec une personne tient à un email, le lien est minime. Si je connais une personne depuis vingt ans, si je vis avec elle, et suis intime avec elle, le lien est bien plus important. En terme d'image, le premier lien serait visualisable par un petit fil ténu qui relie deux points, tandis que le second serait un très large câble lumineux, voire un «tronc».

Les gens ont besoin de lien car le lien matérialise leur existence et leur place parmi les autres. Le manque de lien peut être assez souvent ressenti pendant un soin chamanique classique. Créer beaucoup de lien nous rend en quelque sorte plus riche, et nous nourrit. Mais pour la plupart des gens, ce qui compte c'est la qualité du lien et non la quantité de liens.

La qualité du lien dépend de la qualité et de la quantité de partage qui existe entre deux personnes, donc de la confiance entre ces personnes.

Il est très important de ne pas confondre le lien et l'attachement. La plupart des gens les confondent. Etre lié, ne veut pas dire être attaché. L'attachement est la peur de perdre l'autre, la relation. L'attachement est néfaste. Il doit être éliminé car il cause de la souffrance.

Le lien est une voie d'échange. Un lien de qualité est constitué d'amour. Le mot «amour» ici est employé dans son sens le plus pur, dénué d'affectivité. On peut conserver un lien avec quelqu'un quand on n'a plus de contact avec lui, et aussi quand on se détache de cette personne. Le lien ne disparait pas facilement. Il dure quand le contact cesse et quand on veut le couper, c'est sacrément difficile, mais la plupart du temps il n'y a aucun intérêt à le couper, contrairement à l'attachement.[13]

Les soins chamaniques, l'accompagnement des personnes, nécessitent l'établissement d'un lien entre les deux parties : celui qui demande de l'aide et celui qui en fournit. Comme je l'ai dit depuis le début du livre, il s'agit toujours d'une collaboration, d'un échange. Cette collaboration doit être vraie et juste.

Cet échange vrai crée le lien, et si le lien n'y est pas alors on peut se dire que l'échange n'est pas vrai, que la confiance n'est pas là, que les deux parties jouent des rôles.

---

[13] Couper un attachement fait partie des choses que les gens apprennent à faire dans des voyages chamaniques par exemple.

En matière de soins chamaniques cela ne pourra pas fonctionner, car les êtres des deux parties doivent collaborer au niveau le plus profond (spirituel).

Mais je pense aussi que l'on ne peut pas vraiment aider l'autre dans ces conditions, quelles que soient les techniques employées. Je sais que beaucoup de thérapeutes pensent qu'ils ne doivent pas être des personnes face à leurs patients. Dans la réalité ils ne peuvent être que des personnes et rien d'autre. Rencontrer une personne qui joue un rôle limite vraiment les échanges possibles, et l'aide qui sera apportée et reçue.

C'est pourquoi patient et thérapeute doivent être aussi ouverts, coopérants, sincères et vrais que possibles. C'est la responsabilité des deux parties et si l'une des deux n'a pas l'attitude adéquate, ne s'ouvre pas, alors il ne faut pas escompter de très bons résultats.

Ne rien provoquer

Je dis souvent qu'il ne faut pas être «interventionniste». Cela signifie que, quoi que l'on fasse en terme de soins, il faut toujours se laisser guider par ce qui se passe réellement pour le patient, et par ce que l'on sent, et non par des théories ou concepts. Il ne faut pas avoir de plan pré-établi, ou de schéma que l'on appliquerait à tout le monde.

Il ne faut pas non plus chercher à provoquer les choses, telles que des libérations émotionnelles. Si des émotions doivent s'exprimer, elles le feront si on se laisse guider par ce qu'on sent et ce que vit réellement la personne, en ce moment. Il n'est pas question de proposer à quelqu'un d'exprimer sa colère, ou de se confronter à sa peur. De telles méthodes seraient violentes et très souvent vouées à l'échec, car ce n'est pas le bon moment, ou pas la bonne approche.

Dans le domaine des soins il existe beaucoup de concepts tels que «guérir son enfant intérieur», «effacer la mémoire cellulaire», ou « le recouvrement d'âme». La plupart des gens s'imaginent qu'il est bon de pratiquer sur eux ou sur les autres ce genre de choses. Mais malheureusement, cela est pratiqué en général à l'aveuglette. On applique une technique et on verra bien ce que ça fera. Parfois, c'est catastrophique, j'ai pu le constater.

En effet, on ne peut pas se permettre de vouloir toucher des choses que l'on ne maitrise pas, dont on ne pourra pas contrôler les conséquences, et comme je le disais précédemment, que le patient n'est pas prêt à régler ou même gérer. J'ai à l'esprit l'exemple d'une personne qui alla voir un thérapeute. Celui-ci lui proposa d'interroger sa mémoire cellulaire sur la cause de l'un de ses problèmes. Une fois rentrée chez elle la personne fit une tentative de suicide, qui fut suivie par plusieurs autres dans l'année. Son problème ne fut pas résolu pour autant. Ce genre de procédé est stupide et dangereux.

Il me semble important de ne rien provoquer chez l'autre. Certes les soins chamaniques ont des effets, mais normalement ce qui doit être fait est quasiment présenté sur un plateau. Ce n'est pas quelque chose qui vient de nous, cela s'impose. Par exemple, si une angoisse apparait, la cause de celle ci peut être touchée, on peut la trouver et la transformer, donc la régler. Mais ce qu'on savait du patient avant le soin n'a aucune importance et ne décide de rien pendant le soin.

En cela, cette approche est totalement opposée à l'approche médicale scientifique qui sur la base de son savoir, décide d'appliquer un certain nombre de techniques au patient. Pour la médecine, il est essentiel de faire un diagnostic, et encore plus essentiel que les traitements soient reproductibles. Des symptômes identiques sont sensés provenir de causes identiques et pouvoir être traités de façon identique. C'est ainsi que l'on met au point des traitements, qui seront proposés à tous les patients qui présentent les mêmes symptômes. Cela vaut aussi bien pour la médecine du corps que pour celle de l'esprit. En matière de science n'a de valeur que ce qui peut être reproduit, et ce qui repose sur un savoir qui a été prouvé.

Le chamanisme tel que je le conçois repose sur quelques principes, mais les soins restent toujours personnalisés, et à chaque fois différents. Un même problème apparent, chez plusieurs personnes, n'aura pas les mêmes causes et ne pourra pas être traité de la même manière.

De nouvelles façons de faire sont à inventer, quasiment à chaque fois. De toute façon si on ne s'adapte pas à la personne qui demande, l'efficacité sera bien moindre. Il faut en particulier s'adapter à la psychologie de la personne, et cela même pour des soins qui portent sur le physique, et qui ont des causes physiques.

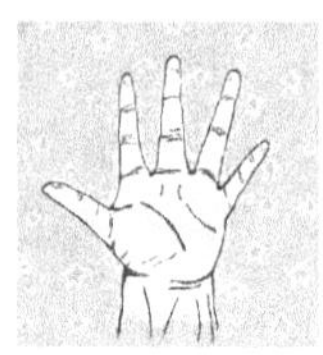

Les soins chamaniques ne peuvent être abordés comme les soins médicaux. Ils ne comportent pas d'ensemble symptômes/causes/traitements généralisables.

Le chamane ne doit pas chercher à reproduire une forme de soin ou une technique. Il faut inventer à chaque fois et toujours s'adapter à la personne.

Il ne faut jamais chercher à provoquer les choses, ou creuser ce qui ne se laisse pas déjà entrevoir. Cela risquerait de mettre la personne face à des choses qu'elle n'est pas prête à régler ou à gérer.

Rapport psychologie et physique

Le rapport entre le corps et l'esprit représente un questionnement très vaste et très ancien.

Je ne prétends pas avoir réponse à tout, mais force est de constater que psychologie et santé physique sont étroitement liées. J'ai pu observer que tous les problèmes physiques sont influencés par la psychologie de la personne, ce qu'elle vit ou a vécu, ses émotions, sa façon de voir la vie, sa façon de se voir elle-même.

Parmi les causes des problèmes de santé, bon nombre sont d'ordre psychologique. Et quand un problème n'a pas de cause psychologique, (par exemple un banal accident), l'état d'esprit de la personne influence tout de même sa guérison.

Il faut toujours tenir compte de la psychologie de la personne, faire attention à la façon dont elle comprend ce qui se passe, la façon dont elle peut intégrer le soin. L'aspect psychologique est à prendre en compte dans toute situation sans quoi les résultats ne seront pas au rendez-vous.

L'état du corps influe aussi sur l'état psychologique de la personne. Il est parfois difficile de savoir ce qui est arrivé en premier et ce qu'il faut traiter comme la cause du problème : l'état des organes ou bien l'état psychologique de la personne.

Une mauvaise alimentation entraine des déficiences organiques, des déséquilibres, mais aussi des tendances émotionnelles (tristesse, mélancolie). Apparaissent des problèmes de santé, mais aussi des problèmes psychologiques, qui à leur tour renforcent les problèmes organiques, etc.

Cependant dans la réalité ce sont plus souvent les problèmes psychologiques, les difficultés d'adaptation, et le déni émotionnel, qui sont la cause des problèmes de santé.

Avoir une prise en charge globale

Pour bien s'occuper de quelqu'un il me semble donc évident qu'une approche globale s'impose. Cela signifie, tenir compte de tous les éléments qui influent sur l'état de la personne, et mettre en oeuvre tout ce qu'il faut pour améliorer la situation à chaque niveau. Ainsi, il faut vérifier l'état des organes, le mode de vie de la personne, son alimentation, le contexte social dans lequel elle se trouve, tout ce qui peut être source de stress, avant même de s'occuper des parties atteintes.

Mais cela ne suffit pas car il faut aussi faire le lien entre ses symptômes physiques et son histoire personnelle, son enfance, les difficultés qu'elle a rencontrées, c'est-à-dire l'aspect psychologique. Pour cela je demande à la personne de réfléchir à tout ce qui s'est passé pour elle, au fil de sa vie, en lien avec l'apparition et le traitement de problèmes de santé.

Il est important de prendre en compte tous les symptômes, même ceux qui ne semblent pas avoir de rapport avec le problème. Par exemple, je demande toujours à une femme comment se passe son cycle menstruel, même si elle est venue me parler d'une douleur à la nuque. Ainsi on a une idée de son «terrain», c'est-à-dire la façon dont les problèmes ont le plus de chance de se manifester chez elle, et la façon dont ses organes fonctionnent.

Ensuite, on peut essayer de traiter chaque aspect du problème : ses symptômes, ses causes, et le terrain. L'essentiel étant d'aller autant que possible à la source du problème, aux causes, sans négliger les symptômes. Parfois il n'est pas besoin de se soucier du symptôme, traiter la cause peut suffire. Mais l'être humain, étant complexe, il vaut mieux garder une vision d'ensemble de sa santé. En plus des soins chamaniques, il peut être utile de modifier son alimentation, son mode de vie, ou d'utiliser des plantes médicinales.

Cela représente la façon idéale de procéder, mais cela demande beaucoup de temps, d'attention, et la collaboration du patient. Ce temps, nous l'avons rarement de nos jours. Il faut donc faire des efforts pour se l'offrir. Les gens sont habitués à prendre des rendez-vous de dix minutes avec leur médecin, ou d'une heure avec un thérapeute. Mais si on veut réaliser une approche complète, surtout la première fois, il faut y consacrer plusieurs heures.

Il ne faut pas non plus croire que l'on peut régler un problème en une seule séance ou en venant une fois par mois. Régularité et implication seront toujours nécessaires. Les gens en sont arrivés là en dix, vingt ou trente ans... parfois plus. Leurs problèmes sont complexes, les causes de ses problèmes aussi. Tout est mêlé. On ne va pas régler tout ça en une heure ou sans se prendre en main, sans se poser des questions et faire un travail sur soi.

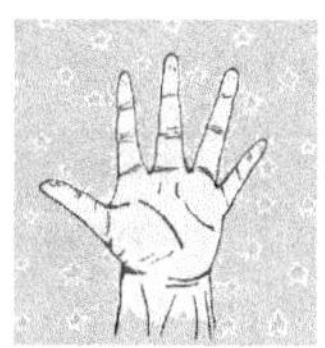

Une approche globale est absolument nécessaire pour prendre soin des gens, et les aider à régler leurs problèmes psychologiques ou physiques.

Il est conseillé de s'occuper des causes sans négliger les symptômes, et réciproquement.

Pour faire tout cela, il faut du temps et de la régularité. Quand une personne consulte pour un problème non réglé par la médecine, qu'il soit psychologique ou physique, cela nécessite de remuer beaucoup de choses et cela ne se fera pas sans un travail en profondeur.

Interactions médecine moderne et soins chamaniques

Lorsque les gens qui demandent de l'aide pour des problèmes physiques ont subi des examens, ont reçu un diagnostic des médecins, je suis preneuse de ces informations. J'aime voir les radios, également, quand il y en a, car cela peut aider à visualiser le problème. Je consulte les bouquins d'anatomie avec plaisir. J'ai toujours été intéressée par le fonctionnement du corps humain.

Avoir des informations provenant de la médecine moderne n'est pas un problème à condition que l'on laisse chaque chose à sa place. Cela peut permettre de préciser certaines choses dans les soins sur le physique. Mais ce n'est pas nécessaire ou obligatoire d'avoir ces informations pour pouvoir agir, essayer de soigner.

Lorsqu'une personne me consulte, j'exige comme condition qu'elle poursuive son traitement médical si elle en a un (c'est rarement le cas). Quand les problèmes sont psychologiques, c'est souvent moi qui l'incite à consulter un psychologue ou un psychiatre, et si elle en consulte déjà un et que ses problèmes sont sérieux, je lui demande de continuer à le voir.

Il faut bien être clair : les gens qui demandent des soins chamaniques sont des patients non satisfaits de la médecine. Enormément de problèmes ne sont pas résolus par la science actuelle, soit qu'il n'existe pas de traitement, soit que les médecins ne trouvent pas la cause. Parfois les traitements sont peu efficaces ou entrainent de nombreux effets secondaires.

Forcément, dans un pays comme la France, où l'accès aux soins médicaux est aisé, les personnes qui vont chercher ailleurs sont la plupart du temps des cas difficiles. Mais ils peuvent également avoir des problèmes qui ne sont pas graves en eux-mêmes - tels que des douleurs (je pense aux maux de dos en particulier) - mais qui ne trouvent pas de soulagement dans les pratiques classiques, y compris des pratiques qui sont en train de le devenir, telles que l'ostéopathie.

Dans le cas où la personne reçoit à la fois des soins conventionnels et des soins chamaniques, cela ne pose pas de problème normalement. Les soins chamaniques agissent de manière différente des soins médicaux, et peuvent les compléter. Les soins médicaux, comme les médicaments, n'empêchent pas non plus l'effet des soins chamaniques.

L'une des différences les plus grandes entre les soins médicaux et les soins chamaniques, c'est que la médecine est dans l'ensemble assez violente. Les interventions, les rééducations, les soins, sont violents, souvent douloureux. Cette violence est souvent accentuée par un accompagnement humain très médiocre. Les médicaments sont souvent aussi une forme de violence, car ils ont beaucoup d'effets indésirables.

Beaucoup de personnes vivent le contact avec les soignants conventionnels comme de la «maltraitance», et les soins en général comme traumatisants. De ce fait, la plupart des gens ont peur des médecins, des hôpitaux et des soins médicaux en général.

Les soins chamaniques accompagnent la personne avant toute chose, lui laissent sa place de sujet à 100 % : elle reste maîtresse de son destin. C'est elle qui décide ce qu'elle veut pour elle-même. Elle est encouragée à prendre la responsabilité de sa vie, et de ce qu'elle ressent. Les soins chamaniques s'adaptent à elle, ils la suivent, l'accompagnent, comme doit le faire également le chamane.

Les soins physiques dont je parle sont rarement douloureux (et s'ils le sont, ils le sont moins que la douleur déjà présente avant le soin), et ils ne sont aucunement violents. Ils ne comportent ni manipulation, ni intrusion. Ils agissent en douceur, progressivement, dans le respect total de l'intégrité corporelle et des rythmes physiologiques. Un chamane doit accompagner la personne psychologiquement, sinon c'est qu'il n'est pas compétent, et ce qu'il fera marchera mal ou pas du tout pour les raisons citées dans les chapitres précédents.

Les soins chamaniques accompagnent la personne en lui laissant sa place de sujet à 100 % : elle reste maîtresse de son destin. Elle ne subit pas.

Les soins chamaniques ne sont pas violents. Même lorsqu'ils remuent et comportent des moments où les émotions douloureuses sont présentes, la personne le vit comme une libération, un soulagement.

L'énergie porte de l'information

Les soins médicaux reposent sur de nombreux principes, qui sont liés directement aux connaissances scientifiques. Lorsque la science progresse dans la compréhension du corps humain et de tous ses aspects (tissus, cellules, gènes, etc), de nouveaux traitements ou modes d'intervention peuvent apparaitre.

Les soins chamaniques reposent à mon sens sur très peu de principes, qui sont immuables, car ils ne sont pas liés aux divers aspects du corps humain mais au contraire se situent à un niveau qui les contient tous.

Le principe de base qui permet les soins chamaniques, c'est le fait que l'énergie porte de l'information. Tout est énergie, bien sûr. L'énergie est tout, et est partout. Et elle porte de l'information.

En matière de soins chamaniques, on agit toujours sur une information portée par l'énergie. Il peut s'agir de changer cette information, ou d'en amener une pour obtenir un effet. Il peut aussi s'agir, dans des formes plus basiques du chamanisme, de retirer une énergie qui n'est pas bénéfique.

Je pense qu'il n'est pas du tout évident pour tout le monde de comprendre comment l'énergie porte une information et ce que cela représente concrètement dans la vie des gens. Cependant je suis certaine que tout un chacun a déjà senti cela d'une façon ou d'une autre.

Par exemple, de nombreuses personnes sont sensibles à l'énergie des lieux. L'ambiance et la sensation physique procurée par un lieu ne dépend pas que de son décor, ou de sa configuration. Cela dépend beaucoup des personnes qui fréquentent ce lieu, de leurs intentions lorsqu'elles sont là, mais aussi de l'énergie qui émane de la terre à cet endroit et donc de la géo-biologie.

Dans un endroit comme Lourdes, par exemple, l'énergie ressentie provient de la foi des pèlerins, et de leurs prières. L'énergie ressentie est plutôt agréable, et sa saveur est «foi/amour». C'est en quelque sorte l'information qu'elle porte. A Rocamadour, l'énergie du lieu est très puissante, elle provient de la configuration géologique du lieu, elle est ressentie comme une puissance brute, elle est forte à en faire mal à la tête, mais elle n'a pas de saveur particulière.

Pour aller plus loin, une «information/sensation» comme la joie, peut être transmise en tant qu'énergie, elle a un goût, un aspect.. si je voulais jouer les pseudo-scientifiques, je dirais une fréquence de vibration. Il en va de même pour l'amour pur, ou la confiance. Si on connait ces états, on peut transmettre à quelqu'un volontairement une énergie qui porte cette information, qui lui transmettra ce sentiment, ou qui agira en lui. Dans ces exemples, les ressentis correspondent aux façons dont des informations portées par l'énergie sont perçues par des êtres humains.

Lors des soins chamaniques, il est utile de sentir, c'est à-dire déterminer l'information portée par l'énergie avec laquelle on est en contact, et de transformer cette information afin d'obtenir un bénéfice pour la personne qui demande de l'aide. Il existe plusieurs niveaux de transformation. On peut agir aussi bien sur des énergies mouvantes qui peuvent disparaitre, que sur des mémoires qui restent présentes toute la vie de la personne. Cela sera développé dans la partie du livre consacrée aux moyens à dispositions du chamane.

En matière de soins chamaniques, on agit toujours sur une information portée par l'énergie.

L'énergie d'amour

Je voudrais parler d'une énergie particulière :   l'énergie d'amour.

Lorsque je me suis trouvée en position d'aider quelqu'un et je ne savais pas du tout comment m'y prendre, j'ai fait un voyage chamanique[14] et dans ce voyage j'ai demandé : «quels sont mes moyens d'action ?». Ce que je voulais savoir à ce moment-là c'était si j'avais des moyens, des particularités, des qualités, qui me permettraient d'aider ces personnes.

La réponse dans le voyage fut très décevante. La voici : «Ton moyen d'action est l'amour». Autant vous dire que j'ai jugé cette réponse complètement nulle, et j'ai pensé que mon voyage était «raté». J'étais débutante à l'époque.

Lorsque je fus confrontée en direct à une personne dans une très grande souffrance morale, ne sachant absolument pas comment l'aider, la seule chose que je pus faire, fut de lui «envoyer de l'amour». Ayant déjà à l'époque connaissance des pratiques bouddhistes de compassion, j'ai pu transmettre une énergie d'amour. Le résultat fut très surprenant pour moi, car la personne réagit immédiatement et je me retrouvai plongée dans un soin chamanique intense et efficace, totalement improvisé au fur et à mesure de son déroulement.

Comment cette énergie a-t-elle pu provoquer le déclenchement du soin ? Comment savoir même si c'était de l'amour et qu'est-ce que l'amour ? A cette époque je n'avais aucune réponse à ces questions. J'agissais totalement par instinct.

---

[14] cf le chapitre sur le voyage chamanique

Au fil du temps, la réponse reçue en voyage a pris petit à petit du sens pour moi. Beaucoup de personnes m'ont dit que c'était la qualité de l'énergie que je transmettais qui leur permettait de guérir, ou même que c'était mon énergie personnelle. De mon côté, j'ai été obligée de constater que l'amour était absolument nécessaire au soin chamanique «classique», c'est-à-dire aux soins axés sur des souffrances psychologiques.

Pour affronter la souffrance de la personne et pour la transformer, l'effacer, il faut que je sois dans un état d'amour. A chaque soin, de l'énergie «amour» est transmise. Je suis en train d'écrire un livre entier sur l'amour et je ne peux pas développer cela en quelques lignes. Ce qui ressort de ces expériences de soins, c'est que l'amour est une énergie qui permet de transformer, qui transforme, ou bien que c'est l'état d'amour qui est un état qui permet de transformer.

Il faut cependant rester prudent, car même si l'amour est totalement nécessaire à une transformation chamanique, cela ne signifie pas que l'amour suffit à tout régler.

Pendant le soin lui-même, on peut pratiquement dire que l'amour, et le courage qu'il permet, «fait des miracles», mais le soin n'est pas tout. Il n'est pas la totalité de l'aide nécessaire. Il n'est pas la totalité du processus de guérison. Ce qui se passe en dehors du soin est tout aussi important, et dépend surtout de la personne qui demande de l'aide.

Il ne faut pas croire que l'amour qu'on peut avoir suffira à sauver l'autre, ou même à l'aider. Le soin chamanique est un moment vécu hors du temps, et qui n'aura jamais pour la personne la même valeur que ce qu'elle vit au quotidien. Quel que soit l'amour que l'on a, cela ne suffira jamais, face à la propre volonté de la personne. Chacun est responsable de sa vie, de ses émotions, de son vécu.

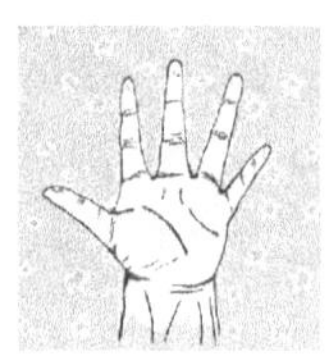

L'amour est un état de conscience et aussi l'énergie qu'il permet de transmettre.

L'énergie d'amour est la plus grande force de l'univers. C'est une énergie de création et de transformation.

Travail sur soi et santé (influence du déni émotionnel)

Plus haut, j'ai écrit que la psychologie influençait la santé. Je voudrais préciser. En effet, beaucoup de gens croient qu'ils peuvent mettre de côté ce qui ne va pas dans leur vie et continuer sans se poser de questions. Certains pensent qu'il suffit de «faire avec» leurs difficultés, leurs émotions, leurs traumatismes, leurs blocages... et que tout ira bien. Cependant, je constate absolument l'inverse.

Plus le temps passe, plus la personne vieillit et plus elle est piégée par l'ensemble de ses problèmes non réglés. Les conséquences sur la santé sont inévitables. Il n'est pas une émotion, même refoulée dans l'inconscient, qui n'ait pas d'impact sur la santé ou le vécu d'une personne. Même quand quelque chose est inconscient, il reste présent et actif. Il dirige la vie de la personne, de façon non consciente et non contrôlée, donc d'une façon qui est d'autant plus dangereuse.

Si les gens ne travaillent pas sur eux-mêmes, et s'ils ont laissé leurs problèmes non réglés, alors leur santé se dégrade inévitablement. C'est d'ailleurs souvent une maladie, une douleur ou une gêne physique, qui pousse une personne à s'intéresser au développement personnel, ou à la spiritualité. Un certain nombre de personnes se rendent bien compte d'elles-mêmes qu'il ne suffit pas d'aller chez le médecin et de prendre des médicaments pour aller bien. Elles pressentent le lien entre leur vécu psychologique et leur état de santé.

C'est ce que j'ai toujours constaté : lorsqu'une personne ne règle pas ses conflits, ses blessures, soit elle finira par craquer psychologiquement (dans certains cas en perdant les pédales), soit elle aura des symptômes physiques qui exprimeront son état intérieur. Des déséquilibres apparaissent dans le corps, dans le travail des organes, au départ, peut-être sans symptômes, mais petit à petit le dérèglement s'installe et a de plus lourdes conséquences.

Il est donc de la plus haute importance pour chacun et pour toute personne qui prétend accompagner ou soigner l'autre, de prendre en compte le vécu psychologique, à commencer par les émotions qui sont les meilleurs indicateurs de ce qui se passe pour l'être. Lorsque l'on soigne, on doit soigner un être, de façon globale, qui s'adapte comme il le peut - et souvent maladroitement - dans la vie depuis qu'il est né, et dont les difficultés se manifestent de façons variées, à la fois par des comportements et par des problèmes dans son corps. Il n'y a pas de séparation réelle entre le corps et l'esprit.

Nombreux sont ceux qui n'ont jamais eu l'idée de travailler sur eux-mêmes, ou qui ne comprennent pas l'intérêt d'être présent, ou proche de soi, ou de sentir ce qu'ils ressentent au lieu de le chasser. D'un certain point de vue, on en est au stade préhistorique de la connaissance de l'être humain. Un grand pas en avant serait déjà accompli si les gens comprenaient qu'être attentif à ce qu'on ressent, que ce soit au niveau physique ou au niveau émotionnel, relève d'une hygiène indispensable à une bonne santé, au moins autant qu'une bonne alimentation.

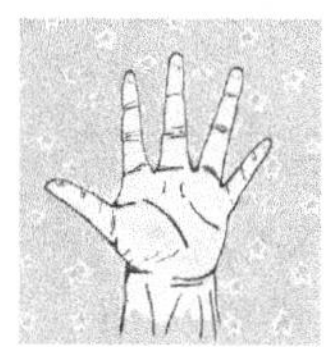

Lorsqu'une personne ne règle pas ses conflits, ses blessures, soit elle finira par craquer psychologiquement, soit elle aura des symptômes physiques qui exprimeront son état intérieur.

Etre attentif à ce qu'on ressent, que ce soit au niveau physique ou au niveau émotionnel, relève d'une hygiène indispensable à une bonne santé au moins autant qu'une bonne alimentation.

Qu'est-ce que la guérison ?

Cette question est souvent posée, y compris par mes élèves, qui se posent des questions concernant leur vie, et la façon dont ils changent. Pourtant ce mot peut paraitre facile à comprendre. Pour «monsieur tout le monde», guérir, c'est ne plus avoir mal, ou bien ne plus avoir de problème de santé, éloigner la souffrance et la mort pour un certain temps (souvent en oubliant que ce n'est que provisoire).

La guérison est le processus qui permet d'obtenir la santé, qu'elle soit physique ou mentale. Il n'est pas si facile de définir la santé, de mon point de vue. La santé me semble être un état d'harmonie, qui permet le bien-être physique et mental de la personne. La guérison est le rétablissement d'une harmonie physique et psychologique.

Cependant, il arrive que tout ne soit pas si harmonieux que cela, et que cela n'entraine pas de mal-être dans l'immédiat. De ce fait, il me semble important de considérer la guérison au-delà de la disparition de symptômes gênants. Une personne peut porter en elle des problèmes qui restent inconscients sans en souffrir en apparence. En réalité tout ce qui est présent a des conséquences, soit physiques, soit psychologiques, mais cela ne constitue pas forcément une maladie ou un problème immédiatement gênant.

Sur le plan physique de nombreux déséquilibres peuvent être présents, avec ou sans signes extérieurs. Sur le plan psychologique, tout ce qui est inconscient a une influence sur les émotions, les réactions, les pensées, les prises de décisions de tous ordres, et donc sur les comportements de la personne, et sur ses relations. Le concept de santé est donc à géométrie variable.

L'enseignement que je propose, les stages, et les rendez-vous, ont pour but de permettre aux gens d'aller vers une santé de plus en plus complète et réelle. En quelque sorte, il s'agit de mener l'être vers une harmonie profonde, et une capacité à vivre en étant totalement apte à s'adapter à la réalité. Il s'agit de se débarrasser de toutes les blessures et toutes les programmations.

Cela pour moi constitue la santé réelle et donc la guérison peut aller aussi loin que cela. Les personnes qui suivent ce chemin souffrent aussi, mais d'une souffrance ordinaire, qui n'est pas considérée comme pathologique par les médecins car elle concerne la totalité de la population et parce qu'elle permet en apparence de «fonctionner». A ce moment-là, on parle de travail de développement personnel.

Pour aller plus loin, sur un plan chamanique, lorsque l'on est en position d'aider quelqu'un, de quoi est faite la guérison ? Quelque chose va être transformé qui va modifier la vie de la personne. De façon plus ou moins grande, le chemin de cette personne peut changer de direction. Lorsque les causes des problèmes sont psychologiques, il s'agit toujours d'effacer les empreintes laissées par le passé, c'est-à-dire de modifier le «mode d'emploi de la vie» que la personne a assimilé au fil du temps, la déconditionner[15].

Dans un soin chamanique, très souvent je ressens le changement nécessaire comme le rétablissement de la vérité. La vision de la réalité d'une personne est totalement filtrée par

---

[15] cf mon livre, «L'Art de la Guérison Individuelle, méthode de transformation et déconditionnement pour sortir de la souffrance»

le programme qu'elle a acquis. Le programme est constitué de mensonges, de perceptions déformées et fausses de la réalité. Le programme, qui est l'ensemble de nos conditionnements, filtre et déforme la réalité.

Le fait de rétablir la vérité rétablit l'être dans sa complétude. La guérison a lieu petit à petit, étape par étape. Plus elle avance sur ce chemin, plus la personne devient elle-même. J'explique les principes de la programmation et de la déprogrammation dans mon dernier livre : «L'Art de la Guérison Individuelle». L'ouvrage que vous êtes en train de lire parle d'une partie de la mise en pratique de ce qui est exposé dans ce précédent livre.

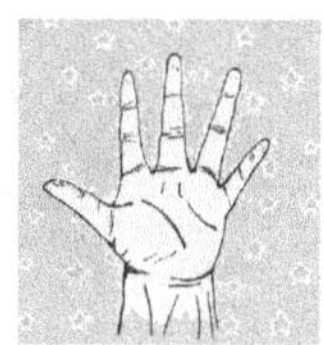

La guérison est le rétablissement d'une réelle harmonie
sur les plans physique et psychologique.

La guérison est le rétablissement de la vérité, et la fin du
mensonge.

La guérison est un déconditionnement.

Elle modifie le chemin de vie de la personne, le mode d'emploi et la logique qu'elle suit (consciemment ou inconsciemment).

La guérison est totale lorsque l'harmonie apparente s'accompagne de la capacité à s'adapter à la réalité sans créer de nouveaux programmes invalidants.

Guérison et développement personnel

Cet ouvrage ne traite pas vraiment du développement personnel, qui est un sujet plus vaste que les soins, et qui d'une certaine manière peut les englober, s'ils sont pratiqués à bon escient. Je mettrai à profit mon expérience d'enseignement et d'accompagnement pour traiter le sujet dans plusieurs autres livres.

Le développement personnel est un travail de guérison, mais il doit être réalisé à 80% par la personne elle-même. Etre sur un chemin de développement personnel nécessite un minimum de stabilité mentale et de se prendre en main. On ne peut pas faire son travail de développement personnel juste en recevant des soins, mais c'est parfois utile d'en recevoir.

Les personnes qui suivent mes stages et sont là pour travailler sur elles-mêmes ont souvent besoin de soins pour dépasser certains blocages. Il est des choses qu'elles ne peuvent pas faire seules. Par les soins chamaniques, on touche les problèmes physiques des gens mais encore plus souvent leurs difficultés psychologiques, leurs peurs, leurs blessures,, leurs croyances, leur passé source de programmations.

Le développement personnel a justement pour but de régler tout cela : effacer la totalité des programmations, ce que j'appelle le programme, et qui dirige la vie de la personne, conditionne toutes ses réactions, mais aussi sa façon de percevoir. Le programme est la somme de tout ce qu'on a appris à croire sur le monde, sur soi, sur la vie, sur tout. C'est un mode de fonctionnement et un filtre permanent de la réalité, car nous voyons ce que nous nous sommes programmés à voir.

De plus, notre pouvoir personnel est piégé dans ce programme. C'est ici que l'on commence à comprendre que sans travail sur lui, un thérapeute ne pourra pas percevoir ce qui doit être perçu pour aider l'autre. Il sera toujours limité, autant pour sentir que pour transformer.

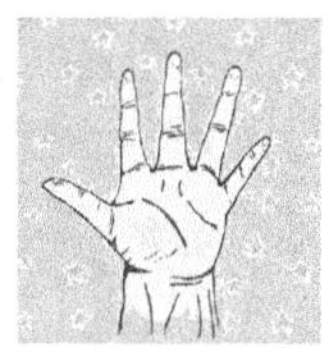

*Le développement personnel est un travail de guérison,
mais il doit être réalisé à 80% par la personne elle-même.*

*Le développement personnel peut mener au
déconditionnement total, à la libération personnelle.*

Origine de la compétence en matière de chamanisme

Le sujet que je vais aborder maintenant est à la fois un point essentiel pour la pratique des soins chamaniques, et une différence majeure entre chamanisme et médecine (et science en général).

Lorsqu'un homme civilisé et moderne veut exercer une profession, un métier, il va à l'école, il suit une formation. Tout le monde admet que ce sont les études qui lui amèneront la compétence nécessaire à l'exercice de son métier. En effet, on considère que la compétence est égale à une somme de savoir avant toute chose, et secondairement à une somme d'expérience (en France les autodidactes restent assez mal perçus).

Il est bien évident qu'un médecin a besoin de beaucoup de savoir et de suivre de longues études pour exercer. En revanche cela ne lui donne pas toutes les compétences nécessaires à l'accompagnement des personnes. On voit bien comment le personnel médical est mal à l'aise avec tout ce que génèrent en eux la maladie, la mort, la souffrance, le désespoir, et l'inconnu.

Concernant les thérapeutes en tout genre, la réalité est pire. Les gens pensent qu'en suivant quelques stages, on peut devenir un bon (vrai) thérapeute. Ils croient que leur petit savoir leur donne la compétence nécessaire pour aider. Le point essentiel que mon expérience chamanique a mis en évidence, c'est qu'aucun savoir, aucune formation, ne peut faire de quelqu'un un thérapeute, une personne apte à aider les autres. Ce qui rend une personne apte à aider l'autre, c'est avant tout son état de conscience, qui repose sur le travail de développement personnel et l'évolution spirituelle.

En matière de chamanisme, il est des personnes qui croient qu'apprendre à transmettre l'énergie ou à faire des voyages chamaniques, leur donnera la compétence pour devenir thérapeutes. Nombre de personnes me contactent pour suivre une formation avec moi, suivre un stage, ou plusieurs, dans le but unique de s'installer ensuite professionnellement, pensant que connaitre des outils les rendra compétentes de fait. Elles se leurrent complètement.

Aucun outil ne fera d'elles des chamanes. En matière de chamanisme, aucun savoir n'est nécessaire, et aucun savoir ne donne une compétence. En effet, le chamanisme repose uniquement sur la conscience de la personne qui pratique, son pouvoir personnel, son éveil spirituel, en réalité la connaissance intime qu'elle a de la Vie. Le savoir n'apporte aucune connaissance de la Vie. Pratiquer des soins chamaniques de qualité, ce n'est ni reproduire des rituels, ni faire des voyages chamaniques. Ce n'est pas appliquer des techniques ou reproduire des pratiques.

Nous verrons dans la partie suivante quels sont les moyens utilisés dans les soins chamaniques. Les moyens du chamane dépendent de ce qu'il est. Si une personne n'a pas réglé ses problèmes, elle n'est pas en mesure d'aider les autres à régler les leurs. Dans certains cas, cela apparait comme évident même pour des médecins, et cela l'est souvent pour des psychologues.

Non il n'est pas normal d'être perturbé par ce qu'on entend dans son cabinet de psychologue, et non on ne peut pas accompagner les personnes correctement si on ne règle pas tout ce qui pourrait perturber le rapport au patient, et empêcher une perception objective de sa situation. Chaque jour, chaque thérapeute rencontre ses limites. La plupart du temps, il n'y fait pas attention, et estime cela normal. C'est une erreur.

Si un médecin ou un psy peut arriver à traiter ses patients malgré ses failles, ce n'est pas le cas en matière de soins chamaniques. Une personne qui se dit chamane mais n'a pas vraiment travaillé sur elle, aura une pratique très réduite, en général à des voyages chamaniques, ce qui est une pratique accessible à tout le monde.

De surcroit, son programme - tout ce qu'elle croit - va influer sur ce qu'elle percevra, que ce soit dans un voyage chamanique ou autrement. Cela signifie qu'on ne peut pas du tout se fier à ses visions, à ses voyages chamaniques, ou à un quelconque de ses ressentis. Aider quand on n'a pas assez travaillé sur soi peut être simplement dangereux, surtout si on ne doute pas de ses ressentis. Cela limite aussi les capacités à agir, transformer l'énergie.

Dans la partie suivante, je vais essayer de vous parler de ce qu'on fait vraiment dans les soins chamaniques, et de ce qui permet de le faire.

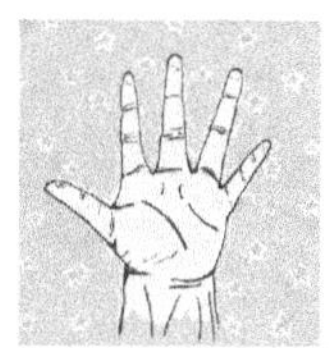

La compétence en matière de soins chamaniques provient avant tout de l'évolution spirituelle du chamane, de son travail sur lui, et en second lieu de son expérience.

Un thérapeute qui n'a pas travaillé sur lui sera toujours très limité dans sa capacité à aider l'autre.

Une personne qui n'a pas travaillé sur elle, ne peut se dire chamane, même si elle a des dispositions favorables au départ.

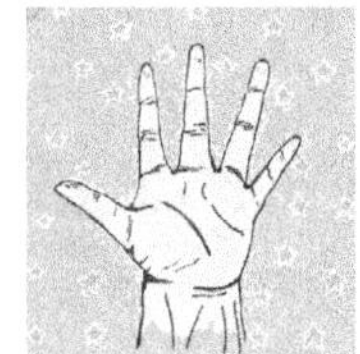

SECONDE PARTIE : MOYENS

Le pouvoir personnel et la foi

Lorsque l'on parle de chamane, de guérisseur, ou de sorcier, l'idée de pouvoir vient immédiatement. Quels sont les pouvoirs du chamane ? D'où provient le pouvoir de guérison du guérisseur ? Est-ce un don ou bien l'intervention divine ? Qu'est-ce qui fait la puissance du sorcier et de ses rituels ?

Le chamanisme est associé au pouvoir comme à la magie. Du point de vue d'une personne n'ayant jamais reçu d'enseignement chamanique, tout cela relève du surnaturel. Pourtant rien de ce que je raconte dans ce livre n'est lié à un pouvoir magique, ni à un don, ni à la foi en un dieu ou en un saint.

Le chamanisme ramène chacun à son pouvoir personnel. Il s'agit à la fois du pouvoir de chaque être humain de diriger sa vie, mais aussi du pouvoir inhérent à tout être vivant. Le pouvoir personnel d'une personne est son énergie, mais aussi sa capacité à l'utiliser, sa liberté d'en disposer. Pour agir, le chamane utilise son pouvoir personnel, mais aussi celui de la personne qui le consulte.

Comme je le disais plus haut, personne n'a plus de pouvoir sur vous que vous-même. Donc, le chamane utilise son pouvoir personnel pour diriger l'énergie, agir sur les informations portées par celle-ci ; mais dans le cadre de soins, la collaboration avec le pouvoir personnel de celui qui demande un soin est nécessaire.

Cette collaboration peut reposer sur la foi. Si la pratique chamanique se déroule dans un lieu où les gens ne doutent pas du tout du pouvoir qui est en jeu, alors cette foi est très importante. Peu importe sur quoi se porte la foi : cela peut être sur les pouvoirs des esprits, sur ceux de dieu, ou ceux du chamane. Il me semble évident que beaucoup de personnes peuvent être «sauvées» par leur foi. Je ne doute pas que les miracles de Lourdes existent, et bien plus nombreux que ceux qui sont reconnus. Je ne doute pas que Jésus ait été un guérisseur et que des miracles aient eu lieu, dans la mesure où les gens croyaient en lui et dans le pouvoir de son dieu.

Lorsque l'on a foi en quelque chose, on investit son pouvoir personnel dans cette chose. Cela vaut pour toute sorte de croyances. On parle généralement de croyances en rapport avec la religion, mais j'utilise ce mot dans un contexte complètement laïque. Une croyance est perçue comme une idée qui pour nous est une vérité. C'est une forme d'évidence pour celui qui croit. Il ne s'agit pas de valeurs auxquelles on adhère avec sa tête, ou qu'on pense vraies. C'est quelque chose de profond, à laquelle on adhère avec ses tripes.. En réalité avant d'être une idée exprimée par des mots, la croyance existe en tant qu'empreinte sensorielle. En croyant, consciemment ou non, on investit son pouvoir personnel.

Vous comprendrez de fait qu'il est crucial de savoir à quoi on croit, bien plus qu'à quoi on pense ; ces deux choses pouvant être totalement contradictoires. Ce qu'on croit a beaucoup plus d'influence sur notre vie que ce qu'on pense, car c'est la façon dont on investit notre pouvoir personnel. Nos croyances sont à la source de nos réactions et comportements, tout en étant souvent inconscientes. Lorsque l'on fait du développement personnel on doit découvrir ses croyances et les effacer pour s'en libérer.

Lorsque l'on pratique le chamanisme, on comprend que l'on peut investir son pouvoir personnel dans ce qu'on veut et donc choisir de croire telle ou telle chose, de façon momentanée, parce qu'on en a besoin pour agir... pour faire un soin par exemple. De la même manière on peut utiliser les croyances de la personne à aider afin que son pouvoir personnel soit investi dans le soin.

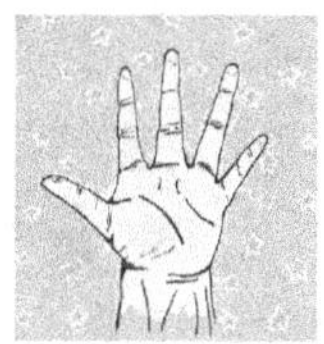

Lorsque l'on a foi en quelque chose, on investit son pouvoir personnel dans cette chose.

Sentir / la capacité à sentir

Les soins chamaniques nécessitent la capacité à sentir, que ce soit pour une simple transmission d'énergie ou pour transformer (et donc guérir). Sentir, cela représente beaucoup de choses : des perceptions, des sensations, qui se situent à différents niveaux. Bien que l'être humain dispose d'une capacité à sentir très développée, c'est un domaine qui est quasiment inconnu et dont on ne parle pratiquement jamais.

La plupart des gens ont même du mal avec leurs émotions. Tout reste à faire : toute personne a besoin d'apprendre à comprendre ce qu'elle ressent, et ce que sont les différentes formes de sensations que son système raffiné de perception peut lui offrir.

Les cinq sens

Ce n'était pas mon intention première de parler de nos cinq sens dans ce chapitre, car ceux-ci peuvent sembler bien ordinaires comparés à d'autres formes de sentir mis à contribution dans les soins chamaniques. Cependant, il m'apparait que trop nombreuses sont les personnes qui négligent ces cinq sens et qu'on ne peut imaginer développer un potentiel sensoriel plus raffiné si on n'est pas capable d'utiliser ces sens. Cela signifie avant tout y prêter attention. Dans mes stages de chamanisme pour débutants, une attention particulière leur a toujours été consacrée. En effet, il est absolument nécessaire d'être présent, c'est-à-dire, bien dans son corps, les pieds sur terre, attentif à l'instant, pour pratiquer le chamanisme. Je suis même loin du compte en écrivant cela : dans la réalité il est nécessaire d'être présent pour profiter de la vie et être heureux, chamanisme ou pas.

Sentir la Vie

Sentir la Vie apporte joie, énergie, et permet d'être porté par le flux de cette vie, comme guidé par celle-ci. La Vie est colossale, en nous et en dehors de nous. Elle grouille, elle pulse, c'est une énergie débordante. Sentir la Vie est l'un des premiers exercices que je demande aux élèves débutants en stage. Ce n'est pas facile. En général, aucun n'y parvient, et d'ailleurs aucun ne comprend vraiment l'exercice demandé. Il existe maintes façons de mal interpréter la consigne. Je ne donne jamais la recette pour «réussir» l'exercice. En réalité, on ne peut pas la donner. Sentir la Vie demande d'être totalement présent et ouvert. Parfois les gens la sentent sans le faire exprès mais cela leur fait peur, ils ont l'impression de devenir fou, car ils sentent qu'ils ne peuvent pas la contrôler. Alors, en quelque sorte, ils ferment les fenêtres et les volets, ce qui n'est pas bon. Fermer sa porte à la Vie a des conséquences à court et long terme.

A quoi sert de sentir la Vie ? Ce genre de questions, certains élèves débutants la posent et je la trouve incroyable. Si on ne sent pas la Vie tant qu'on est vivant, quand la sentira-t-on ? Alors que la plupart des gens courent après un hypothétique bonheur toute leur vie, il suffit de sentir la Vie, quel que soit l'endroit où on se trouve, pour être tout à fait heureux. Le vrai bonheur n'a pas de raison.

Quand on est vraiment heureux, on l'est sans raison, et cette joie est en soi pour toujours. Bien entendu cela ne signifie pas que l'on ne ressentira plus rien de désagréable dans sa vie, mais cette joie est là, au fond de soi. Ce qu'il faut comprendre là, c'est que Sentir la Vie est indispensable, naturel, simple, donne le sourire sans rien avoir à faire et nous relie à un flux qui nous guide. C'est beaucoup non ? Si on ne sent pas la Vie, on ne sait pas ce qu'est la vie. Cette question est donc centrale. Comment aider les autres à être heureux sans connaître la Vie ?

<u>Sentir avec les mains</u>

Les différentes informations portées par l'énergie peuvent être senties avec les mains. Les sensations dépendent toujours de celui qui sent, varient d'une personne à l'autre, mais elles sont bien différentes en fonction des informations énergétiques. C'est quelque chose que l'on développe beaucoup avec le reiki (non occidentalisé) car il est nécessaire de trouver à chaque fois où mettre les mains sans que la personne dise quoi que ce soit de son état. Avec les mains, on peut percevoir diverses énergies. On peut aussi, en développant beaucoup cette capacité à sentir, utiliser ses mains pour modifier l'énergie.

La capacité à sentir avec les mains est une question d'attention, d'entrainement et de travail sur soi. Dans tous mes stages de reiki traditionnel, les élèves perçoivent des sensations énergétiques dans leurs mains. Leurs aptitudes augmentent au fil du temps et de leur travail de développement personnel.

Sentir avec les mains ne demande pas de talent ou de pouvoir particulier, mais le manque d'attention et des blocages psychologiques peuvent limiter cette capacité humaine. Attention je parle de sentir et non d'interpréter les sensations. En réalité il n'y a rien à interpréter ou décoder et c'est en se lançant dans des interprétations, fondées sur des croyances, que l'on peut devenir dangereux.

<u>Sentir avec les yeux</u>

L'énergie peut être vue avec les yeux, - du moins une certaine forme de l'énergie- , et on peut aussi distinguer ainsi différentes qualités d'énergie. Mon avis personnel est que cette forme de perception est moins utile, moins précise et moins vaste que les autres formes de «sentir». La remarque sur l'interprétation vaut aussi pour cette forme de perception. Elle est valable en fait pour toute forme de perception.

<u>L'empathie</u>

L'empathie est la forme de «sentir» la plus répandue. Tout le monde connait cela, et heureusement. L'empathie consiste à sentir ce que ressent l'autre. Par l'autre, j'entends un autre être vivant, une personne ou un animal. Les animaux sont également dotés de cette capacité naturelle. L'empathie concerne les affects, les émotions, mais aussi les douleurs et sensations physiques.

Sentir ce que ressent l'autre, est-ce que quelqu'un parmi vous trouve cela bizarre ? Il n'y a rien à faire de spécial pour y parvenir. Il suffit d'être attentif et d'écouter vraiment. Lorsque vous écoutez l'autre, c'est comme si vous entriez en résonance avec lui, et alors la distinction entre l'autre et vous s'efface. Cela peut être réalisé volontairement, évidemment dans le cadre de soins, ou de toute relation d'aide, c'est totalement nécessaire. Mais, parfois, cela n'est pas voulu.

Il peut arriver de sentir ce que ressent une personne assise à côté de nous dans le train, ou même un ami qui se trouve à des centaines de kilomètres de distance. Cela arrive plus souvent si on est en lien avec une personne. Dans mon cas personnel, parfois il suffit d'un lien très ténu, par exemple un email. Souvent les gens sont envahis ainsi par le vécu des autres sans comprendre. Cela arrive souvent dans les couples. Mais dans l'absolu, il n'y a pas de limite, on peut sentir n'importe qui n'importe où.

Il me semble important de donner tout de suite une précision. Si l'empathie doit être maîtrisée pour ne pas être envahissante, elle n'est pas dangereuse. Lorsque l'on sent ce que l'autre sent, cela ne signifie pas du tout que l'on prend ses émotions, ses douleurs, ou ses maladies. Vous pouvez garder à l'esprit l'idée de la résonance ou de se mettre en phase avec l'autre.

Que dire des personnes qui ne sentent rien ?

Le problème, c'est que la plupart des gens ne sont ni présents, ni attentifs, et sont complètement perdus dans leurs pensées, ce qui empêche de sentir quoi que ce soit. Ce manque d'attention concerne en premier lieu leurs propres affects. Beaucoup n'ont pas appris à y prêter attention, ou pire, ont appris à les ignorer.

Pour des raisons liées à leur passé, certaines personnes sont totalement coupées de leurs émotions. Dans ce cas, il n'est pas possible de sentir les autres. Donc, si vous refoulez, si vous mettez de côté votre vécu, tout ce qui vous dérange, vous ne serez pas du tout apte à sentir les autres. Vous vivrez dans un monde où tout est séparé, à commencer par vous, de vous-même.

D'un autre côté, si vous êtes submergé par vos émotions et sentiments, vous ne pouvez pas non plus être à l'écoute de l'autre. Donc, pour bien sentir l'autre, il faut être ouvert, attentif, présent, dans l'accueil, mais suffisamment «nettoyé» pour ne pas être atteint. Cela nous amène au fait que l'on progresse dans la capacité à sentir en travaillant sur soi. Seule une personne qui a réglé tous ses problèmes, peut ressentir complètement, se fier à ce qu'elle ressent et ne pas être affectée par ce qu'elle ressent de l'autre.

<u>Sentir avec l'être</u>

Sentir c'est aussi obtenir toutes sortes d'informations lorsqu'elles sont nécessaires. Cela peut concerner le problème d'une personne mais aussi des choses plus factuelles, matérielles. C'est ce que l'on appelle couramment l'intuition. Mais ce terme ne donne aucun renseignement sur ce dont il s'agit au fond. L'intuition, c'est percevoir ce qui est, les informations portées par l'énergie. Je parle là de tout ce que l'univers contient comme information.

L'intuition se manifeste par le fait de savoir quelque chose. Mais ce savoir n'est pas intellectuel. Les informations sont perçues au plus profond de l'être. Elles apparaissent comme des sensations et sont ensuite traduites en mots ou en images. Beaucoup de personnes ont besoin de supports pour leur intuition. Cela passe souvent par des images, des visualisations. Mais cela n'est pas nécessaire et peut même prêter à confusion.

En ce qui concerne l'aide aux personnes il ne s'agit pas de faire de la divination, de chercher des informations sur leur vie. Il faut se souvenir du principe : «accompagner, pas devancer, pas provoquer». Mais il est souvent nécessaire de sentir mieux que la personne elle-même, où elle en est, ce qui se passe en elle en ce moment.

Beaucoup de personnes sont trop coupées d'elles-mêmes pour sentir. D'autre part, il ne faut pas juste sentir les émotions vécues par la personne au présent, c'est à dire la surface du problème, mais il faut sentir sa source, qui peut être enfouie très loin. Il ne s'agit donc pas juste d'empathie. Mais le principe au fond reste le même.

Chaque fois qu'on perçoit une information, elle apparait dans notre système sensoriel, si on est apte à se connecter avec le point qui détient l'information. Si l'on a l'impression que l'information vient à nous, c'est parce qu'en fait nous nous sommes mis dans une posture qui nous permet de la recevoir. Je me place ici à un niveau où il n'existe aucune distance. Il suffit de vouloir se connecter pour que la distance soit abolie.

Quelle que soit la situation, c'est normalement à celui qui soigne d'aller à la rencontre de l'autre. Dans cette rencontre tout notre système de perception est mis à contribution.

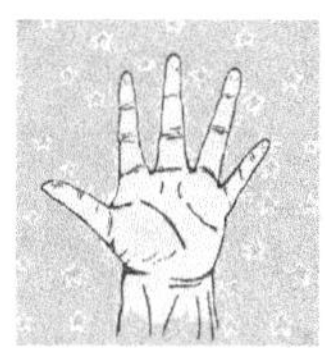

L'être humain dispose d'un système de perception raffiné et à multiples dimensions, qu'il maîtrise mal actuellement.

Toutes ces perceptions sont naturelles et ne nécessitent aucun talent ou don particulier.
Elles appartiennent à tous.

La façon de traiter les perceptions

Après avoir présenté les différentes façons de sentir qui sont utiles dans les soins chamaniques et avant d'aller plus loin dans les déroulement des soins, il est indispensable de rappeler ce fait indéniable, que vous ne devez jamais oublier : **Les perceptions ne sont pas la réalité**. Les perceptions sont des ressentis, donc personnelles. Elles appartiennent toujours à celui qui les sent. Dans le meilleur des cas, la perception est la façon dont nous sommes capables d'être informés sur une réalité, qui existe.

Dans le pire des cas, nos perceptions sont le fruit d'une réalité imaginée. De nombreuses personnes sentent des choses qui ne correspondent à aucune réalité. Elles fantasment, sentent ce qu'elles veulent sentir ou s'attendent à sentir, du fait de leurs croyances, de leurs attentes et espoirs. Cela peut aller assez loin. Certaines personnes ont des sensations physiques très réalistes de quelque chose qui n'existe pas du tout. L'esprit a le pouvoir sur le corps.

L'hypnose le prouve : c'est une pratique fondée sur la puissance de l'imagination. Par exemple, l'esprit peut arriver à persuader le corps qu'il n'y a plus de sensation dans le bras. Et c'est extrêmement aisé, à la portée de tous ! L'esprit peut aussi persuader le corps qu'il a des sensations par exemple qu'il a chaud ou froid.

Les émotions, sentiments, peuvent également être provoqués par des choses purement imaginées. Les émotions sont physiques et on réagit émotionnellement aussi bien aux réalités perçues qu'à ce qu'on imagine. Si vous pensez à un événement que vous redoutez, vous commencez à avoir peur.

Quand vous pensez au décès d'une personne à laquelle vous êtes attaché, vous sentez de la tristesse. Pourtant vous ne vivez réellement aucune de ces situations.

Il est aussi possible de générer toutes sortes d'images et de sons avec son mental. Est-il nécessaire de donner des exemples ? La plupart des gens ont une activité mentale incontrôlée. Cela signifie que dans leur tête se présentent toutes sortes de pensées, mais aussi d'images, de scènes, avec ou sans son. Ces «visions» ne sont pas la réalité. Et malheureusement, une grande partie des personnes ont des visions qui ne reposent sur aucune réalité.

De ce fait il faut traiter les perceptions avec une grande prudence. Dans la pratique des soins chamaniques, nous avons besoin des sensations pour travailler, et nous ne pouvons pas nous fier à un raisonnement pour agir. Cependant, il faut toujours garder à l'esprit que nos perceptions peuvent être fausses. La seule chose qui puisse garantir la capacité à sentir et la fiabilité des perceptions dans une certaine mesure est le travail sur soi et l'évolution spirituelle. J'ai déjà développé ce sujet dans mon livre «Comprendre l'essence du chamanisme».

Le chamanisme est un art de bien des façons. Cette question des sensations à elle seule pose de gros problèmes à la majorité des gens - du moins de ceux qui ont un peu de recul sur ce qu'ils font. Développer les sensations, contrecarrer le doute qui provient de l'agitation mentale mais aussi des programmations dont ils ne sont pas libérés, avoir confiance mais ne pas tomber dans les projections, les fantasmes, au risque de devenir dangereux... c'est un équilibre difficile à atteindre pendant des années d'apprentissage et de travail sur soi.

Pour les élèves, cela demande un réel effort, et beaucoup d'attention. Cela paraît presque «mission impossible», car toutes les qualités à réunir semblent contradictoires. Comment ne pas douter pour arriver à sentir mais à la fois douter pour garder du recul sur ses ressentis ? On sait bien que lorsqu'on projette on ne s'en rend pas compte la plupart du temps, puisque c'est la façon dont on déforme la réalité à cet instant là et que cela nous apparait comme vrai. Typiquement, projeter, c'est voir ce qu'on veut voir, sans être conscient que l'on filtre et déforme la réalité.

Tout cela semble donc très compliqué, et même, assez mal barré. Cependant, quand on est vraiment apte à pratiquer des soins chamaniques, ces questions ne se posent quasiment plus. En effet, un vrai chamane est capable d'être dans un état d'esprit sans aucune attente, sans volonté, sans émotion, sans pensée, qui permet de sentir ce qu'il faut sentir, sans même chercher à le sentir. Mes élèves comprendront facilement de quoi je parle car je pense qu'ils m'ont tous déjà vue arriver pendant un soin auquel je ne participais pas auparavant, et être capable d'agir immédiatement.

C'était particulièrement parlant quand je devais passer rapidement d'un groupe à l'autre en séminaire de guérison. Suivre quatre soins en même temps, qui avaient lieu dans quatre groupes distincts, demande de s'adapter immédiatement et de changer d'univers en une fraction de seconde. La plupart du temps, dans ce genre de situation, j'entrais immédiatement en action sans rien dire ou demander, et je pouvais être immédiatement en phase avec la personne allongée, et passer de l'une à l'autre sans problème. Les élèves sont généralement impressionnés par ma capacité à sentir, très précisément. Dans ce genre de cas, on peut voir qu'en réalité cela ne demande aucun effort, aucune pensée, aucun rituel, c'est instantané. Je ne me pose pas du tout de question, je ne réfléchis pas, je n'hésite pas. Tout se passe dans l'instant.

Un vrai chamane, cela veut dire une personne libérée, et c'est rare. La seule façon de ne pas projeter, c'est de ne plus avoir de programme qui interprète en permanence la réalité, la déforme et la filtre.[16] De fait toute personne impliquée dans une relation d'aide, et encore plus dans des soins, devrait garder à l'esprit tout cela, comprendre que ce qu'elle voit, sent, fait, dépend de son développement personnel, et être très prudente vis à vis de ses ressentis, convictions, interprétations.

---

[16] cf «L'art de la guérison individuelle»

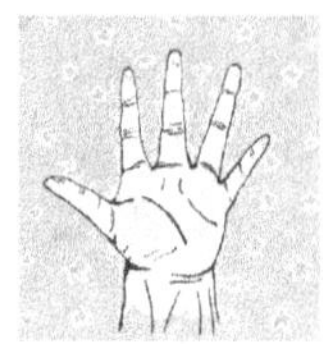

*Les perceptions ne sont pas la réalité. Elles appartiennent
à celui qui les a.*

*Il faut rester prudent avec les perceptions, et encore plus
avec leur interprétation.*

La clé du soin chamanique se situe dans la capacité à approcher l'autre.

Quelle que soit la situation, c'est normalement à celui qui soigne d'aller à la rencontre de l'autre. Je répète volontairement cette phrase, que j'ai écrite dans un précédent chapitre, car elle touche à l'essentiel.

Pendant un soin chamanique, la personne qui reçoit de l'aide est assez démunie pour agir, participer au soin. Elle n'est pas non plus la mieux placée pour savoir ce qui doit être réalisé. On ne peut demander à une personne qui va mal, et donc est dans une situation de détresse, de comprendre ce qui se passe en elle, ou de diriger un soin.

Si une personne a besoin de soins, et en particulier de soins liés à son état psychologique, c'est qu'elle ne peut pas faire certaines choses seule ; c'est parce qu'elle n'arrive pas à avoir accès à certaines choses, et parce que même si elle y avait accès, elle ne serait sûrement pas apte à agir dessus.

Cela va généralement ensemble : on n'a pas accès à des choses que l'on ne peut pas gérer. Avoir besoin des autres pour guérir est tout à fait naturel. De toute façon, depuis sa naissance, tout être humain a besoin des autres. De plus, tout ce qui constitue l'ensemble des programmations d'une personne, a été construit en relation avec les autres (parents, professeurs, frères et soeurs, amis, etc.).

Lorsqu'une personne demande de l'aide, et qu'on se situe dans le cas d'un soin chamanique «classique», portant surtout sur la psychologie de la personne, la première chose à faire est donc d'entrer en contact avec cette personne. Je ne parle pas seulement de lui parler, de l'écouter, ou de poser la main sur elle, avec compassion. Il s'agit de rejoindre l'autre là où il est.

Cela prend de nombreux sens en matière de chamanisme. Mais pour résumer : pour commencer, il faut sentir ce qui se passe, et il existe plusieurs niveaux de perception. Autant que possible, il faut aller au fond des choses, à l'essentiel. Sentir la personne, sa position, son vécu profond - et parfois inconscient - au-delà de son état apparent. Il est bien évident que les personnes ne sentent pas en permanence leurs blessures. Il faut donc sentir ce qui doit être touché ce jour-là. Sûrement pas tout ce qui devra un jour être guéri, mais précisément ce qui peut l'être ce jour là (cf «le bon moment»).

Sans a priori, sans idée préconçue sur ce qui doit être fait, et même parfois en oubliant volontairement tout ce que la personne a pu raconter, c'est à nous d'aller à l'essentiel, d'aller rejoindre l'être là où il se trouve, de sentir ce qu'il vit en profondeur.

Il va sans dire qu'avant de parler même de soin, rien ne pourra être fait si on juge la personne d'une quelconque façon. Que la personne soit riche ou pauvre, homme ou femme, jeune ou vieille, en bonne ou en mauvaise santé, cela ne doit avoir aucune influence sur la façon de l'aborder. Aucun jugement ne doit être présent. Cela inclue toute forme de pitié, bien évidemment.

Puisque l'on se trouve dans un moment de soin, il s'agit de pouvoir sentir profondément la souffrance à guérir. Pour cela il faut rejoindre l'autre. Mais comment ? J'ai écrit tout à l'heure sur l'empathie et la base de tout cela reste toujours l'écoute. Ecouter vraiment l'autre, mais vraiment en profondeur, écouter la petite voix qui appelle «au secours», loin, loin, là où parfois même la personne concernée ne l'entend pas.

La posture nécessaire est avant tout l'humilité. Aucun jugement ne doit être présent, aucun préjugé sur la personne mais aussi sur sa situation, ou son problème. Oublier tout ce que l'on sait, faire taire le mental, et être parfaitement ouvert. Cela signifie qu'il ne peut y avoir aucune peur, et aucune forme de protection.

Beaucoup de personnes éprouvent le besoin de se protéger. La souffrance de l'autre peut faire peur. Cela arrive si on n'a pas assez travaillé sur soi, si on a encore des peurs, si on a encore des souffrances non résolues. Certes, lorsque l'on rencontre l'autre, c'est comme plonger en lui, et parfois plonger dans de grandes souffrances - quelque chose qui fait penser à l'enfer - mais on peut très bien sentir cette souffrance, la toucher, sans que cela nous atteigne. C'est possible si on a guéri ses propres blessures.

Lorsque l'on aborde l'autre, il faut le faire en totale fraternité, avec un total respect, et en douceur. Très souvent on attend de moi que j'arrive pour tout régler comme une tornade blanche qui nettoie tout. Mais en réalité, lorsque je me présente face à l'autre, j'avance vers lui en douceur, sans aucune violence, presque sans «déranger», afin de pouvoir aller aussi profond que nécessaire... et c'est l'autre qui guide mes pas. Toute forme de violence, de volonté, pourrait être prise pour un danger par celui que l'on aide. Lorsque l'on se présente face à son frère humain, sa soeur humaine, l'état de conscience et la posture ne doivent aucunement pouvoir passer pour une intrusion.

Certains blocages peuvent paraitre comme des forteresses à prendre, ou des murs à faire sauter, mais s'est se tromper lourdement que d'aborder l'autre ainsi. Le moyen d'aider la personne est soit de contourner la forteresse, soit d'y pénétrer en se faisant aussi petit et imperceptible qu'un microbe qui entre dans un organisme, ou une araignée, qui franchit sans peine toutes les murailles.

J'emploie un vocabulaire qui indique un déplacement. Bien entendu le soin n'implique pas vraiment de déplacement physique. Tout au plus peut-on se rapprocher un peu du corps de l'autre. Cela dépend des cas. Le fait de toucher l'autre physiquement et la manière dont on le fait s'impose ou non, comme le reste du soin. Cela se sent, et cela ne peut être équivoque ou gênant si on est vraiment dans l'écoute et le respect.

Le déplacement dont je parle n'est pas un déplacement physique. Approcher l'autre, c'est un mouvement sans déplacement, une modification de la conscience, de la façon dont on se positionne vis à vis de l'autre. Il s'agit d'une rencontre des êtres. Cette rencontre est le contraire d'une relation superficielle.

Les gens veulent souvent «comprendre» l'autre. La vraie compréhension n'est pas intellectuelle. La rencontre dont je parle est une compréhension qui implique totalement les deux parties. Comprendre c'est avant tout sentir, «englober», accueillir l'autre. Beaucoup de personnes croient que comprendre c'est «être d'accord avec l'autre». Mais c'est une confusion : comprendre c'est arriver à percevoir le fonctionnement de l'autre, qui du fait même qu'il existe, est totalement humain et naturel. La compréhension ne peut avoir lieu que par un ressenti profond.

Lorsque j'approche l'autre, je ne peux me protéger ou me cacher, je ne peux pas du tout faire semblant. Si on se cache, on ne peut pas entrer, car on n'est pas vrai, car l'autre sent nos peurs, nos protections, et parce que nos peurs elles-mêmes nous empêchent d'entrer. Approcher l'autre n'est possible qu'en étant totalement vrai et en approchant avec innocence.

La position doit être celle de l'Amour, une position systématiquement dans l'accueil complet de l'autre, et dans la reconnaissance de l'autre, tout en restant soi-même. Pour approcher, il faut avant tout le désirer. Souhaiter rejoindre l'autre là où il est. Il n'existe pas de technique pour cela, et selon les circonstances cela pourra se passer de diverses manières

Ecouter : écouter en méditation, dans l'intention de sentir l'autre, et laisser venir à soi toute information. Ecouter, cela peut être aussi écouter le corps de l'autre. Le fait de poser une main au moins sur la personne aide en général. Mais cela peut aller plus loin. Une chose que je fais souvent est poser ma tête sur la poitrine de la personne. Alors, c'est comme si son coeur me parlait. Je suis attentive aux battements du coeur : leur force, leur rythme, me parle. Je ne connais rien de la prise de pouls ou même de la façon dont un coeur en bonne santé doit battre. Il ne s'agit pas de s'intéresser au fonctionnement de l'organe. Ce dont je parle n'a rien à voir avec une quelconque forme de diagnostic médical. Cette approche est totalement poétique. Quoi qu'il en soit, c'est comme si le coeur me parlait. Les informations qu'il me donne concerne le vécu de cette personne, ce qu'elle ressent, comment elle se sent dans sa vie et précisément à cet instant. Cela se fait sans le moindre mot et la moindre image.

Lors des soins chamaniques il arrive fréquemment de souffler dans la personne. Utiliser le souffle est aussi une façon courante de s'approcher. Sans aucun a priori, sans attente ni but, souffler l'amour - énergie d'amour pur- dans le corps de la personne, le plus souvent dans le coeur, mais cela peut être aussi dans le ventre ou ailleurs-. Cela permet souvent d'avoir plus d'informations et de ressentis qu'une simple écoute en posant la main sur la personne. Se rapprocher physiquement aide, mais aussi cette volonté de plonger au plus profond de l'être et de son vécu.

Lorsque je souffle j'ai l'impression de projeter ma conscience dans mon souffle. Par ce souffle je sens que j'approche de l'autre. Des ressentis viennent, et parfois des images. Il arrive que la personne m'apparaisse : j'ai une vision d'elle, dans un lieu, dans une situation, dans un état (émotion, comportement). Le ressenti devient clair et en quelque sorte j'ai rejoint la personne, trouvé celui qui attend. Pendant le soin dans ce cas, je peux décrire à la personne ce que je vois et sens. Ensuite le but est évidemment de modifier la situation, de transformer ce qui doit l'être.

Tout ce travail d'approche peut être réalisé également en prenant la personne dans mes bras. Cette petite différence de position ne change rien en matière de perception, mais cela peut influer sur la suite, la transformation. Tout va dépendre de ce que l'on sent. Il n'y a aucune règle ou stratégie à suivre.

Jusqu'ici je n'ai pas abordé le voyage chamanique, et même si ce que j'ai raconté peut inclure des visions, des images et des sensations qui peuvent faire penser au voyage chamanique, ce n'est pas la même chose. D'une certaine manière on approche également l'autre dans un voyage chamanique, du moins c'est possible. Mais c'est moins direct.

Pour moi, le voyage chamanique est une façon de procéder beaucoup plus détournée. On ne la choisit que lorsque l'on n'arrive pas à faire les choses autrement.

Dans un voyage chamanique, il y a beaucoup d'intermédiaires et de supports. Le contact avec l'autre, qui peut se faire aussi bien à distance ou en direct, se fait à un niveau qui est d'abord spirituel - donc par définition pas directement au niveau où se situe le problème - et la plupart des informations à recevoir apparaissent de façon métaphoriques (images , lieux, êtres). Ce qui devra être transformé apparait sous forme de métaphores et ces images servent de supports à la transformation. Recherche d'information et transformation se font de façon moins directe (un peu plus loin je donnerai plus d'explications sur le voyage chamanique).

En résumé, cette approche de l'autre permet de sentir ce qui se cache tout au fond de lui, ses sentiments et attentes inavoués ou inconscients, ses blessures, ses traumatismes. Il devient alors possible de guérir ce qui doit l'être, c'est-à-dire, de transformer. Cela concerne tous les soins qui touchent à des problèmes ayant des causes autres que physiques. Lorsque l'on soigne un problème physique avec des causes physiques tout cela n'est pas forcément nécessaire ou utile.

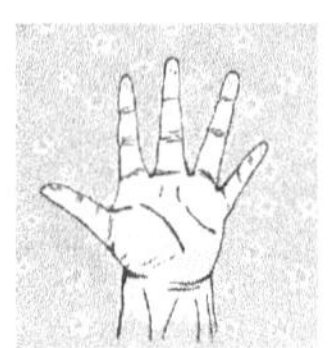

*Dans un soin chamanique, c'est d'abord à celui qui soigne
d'aller à la rencontre de l'autre.*

«Mon ami
j'avance vers toi
j'entends ton appel au loin
je vais te trouver
je te rejoins
là où tu es.
Je me faufile.
me fais petite comme une souris
fine, comme un souffle
presque indécelable
je choisis le chemin subtil
et caché.

Je suis toi, face à toi.
Me voici
sans artifice ni détour
je me présente à toi
sans attente ni désir.
Aucune pensée
aucun jugement.
Personne ne peut être blessé
rien à protéger ou à cacher.
Je te sens en moi
et tu me sens en toi.

La souffrance n'est rien
déverse-la en moi
traversons ensemble le malheur
le mensonge.
Les flammes brûlent
tout est consumé
c'est fini
nous voilà sauvés.
Paix et joie
la vérité gagne
célébrons ensemble.

Gérer les conséquences du contact et le rapport à l'autre

Dans un soin chamanique tel que je viens de le décrire, le contact avec l'autre est proche, comme vous l'aurez compris. Il ne s'agit pas d'intimité. En effet, sur le plan physique, le contact ne dépasse pas un rapport fraternel. L'intention étant pure, il ne peut y avoir d'ambiguité.

Sur le plan psychologique, il en va de même à mon avis car même si on sent beaucoup de choses et si on se sent proche de l'autre, le soin n'implique pas du tout de connaître des détails de la vie de la personne. Toutes les images qui apparaissent sont des métaphores et on ne sait pas à quoi cela correspond dans la vie de la personne. On perçoit des sentiments, des émotions, des positionnements psychologiques, mais pas de faits. On peut faire des soins chamaniques à quelqu'un et ne rien savoir de sa vie. Celle-ci, d'ailleurs ne nous intéresse pas. Toute curiosité est à bannir, et ne sert à rien pour le soin.

En revanche, le contact est tout de même perçu comme profond, car il se fait au niveau de l'être. Ce contact, cet échange, est apprécié en général par les personnes qui reçoivent des soins. En effet, il est rare d'être compris de l'intérieur sans avoir à parler. C'est une chose que les personnes, même dans un simple rendez-vous pour discuter, apprécient énormément. D'autre part, le soin chamanique implique que les personnes qui participent aient la volonté sincère d'aider l'autre. C'est également rare dans notre société d'être l'objet d'autant d'attention et de recevoir autant d'amour. Pendant le soin la personne que l'on aide est la plus importante au monde. Elle est forcément touchée par cette position, et cela participe nécessairement au soin.

Attention, amour, relation vraie et profonde, sont des expériences suffisamment rares pour prendre une valeur exceptionnelle aux yeux de celui qui reçoit, et de celui qui donne. On imagine très bien le bénéfice inhérent à une expérience aussi positive. Cependant, elle peut aussi avoir des conséquences néfastes, que je vais exposer brièvement.

Il est possible que patient et praticiens soient exaltés suite à cette expérience. Il est de la plus haute importance que les soins collectifs soient supervisés par une personne libérée qui ne risque pas de planer, comme la majorité des gens, et qui saura prévenir tout le monde de ce danger. Il est bon de rappeler à chacun qu'en toute circonstance il faut garder les pieds sur terre et préparer toutes les personnes présentes au retour à leur quotidien. Le chamanisme a pour but de ramener les gens dans la réalité et non de les en éloigner.

Les personnes qui reçoivent des soins, comme celles qui participent, peuvent s'attacher à cette expérience, qui est plus forte que la plupart des expériences du reste de leur vie. Il est mauvais de penser que la vraie vie est là. Certes ce qu'on fait dans un soin chamanique est tout à fait réel et vrai et fait partie des expériences de la vie, mais aucune forme de pratique chamanique ne doit prendre toute la place, ou rendre les gens dépendants.

Une personne saine participe à un soin chamanique et reprend sa vie normalement, les pieds bien sur terre. De mon point de vue, si une personne est perchée ou illuminée, cela prouve de fait qu'elle n'en est qu'au début d'un chemin spirituel. Elle se laisse happer par les sirènes de l'ésotérisme. De même, la personne qui reçoit le soin doit reprendre sa vie le mieux possible. Le but d'un soin est d'aider une personne à vivre. Pour cela, il est important qu'il y ait un suivi suite au soin. Il n'est pas question de faire un soin à quelqu'un et de la laisser ensuite totalement livrée à elle-même. Tout soin nécessite une intégration, une période d'adaptation qui peut être difficile.

La relation entre le chamane et la personne qui est aidée doit rester saine, sans attachement et sans transfert, autant que possible. Parfois on ne peut pas les éviter, mais il faut les limiter le plus possible. Pour cela, le fait de pratiquer les soins de façon collective et non en tête à tête aide beaucoup. Ce n'est plus une seule personne qui aide, mais plusieurs. Dans l'idéal, chaque personne du groupe reçoit à son tour un soin, ce qui rend la relation plus saine, chacun étant à un moment dans la position d'aider et dans la position de recevoir.

Lorsque je supervise les soins collectifs, je veille aussi à ne pas répondre systématiquement aux attentes des gens. Il vaut mieux éviter de donner à certains ce qu'ils veulent, par exemple de la reconnaissance, ou une forme de maternage. Souvent les gens projettent sur moi, transfèrent sur moi, et attendent de moi que je sois la mère toute-puissante et totalement aimante qu'ils attendent depuis toujours. A ce genre d'attente, il ne faut jamais répondre. C'est donc à chaque personne qui pratique de veiller à créer de bonnes conditions psychologiques pour le travail avec cette personne. Le transfert n'est jamais souhaitable, il empêche la guérison, du moins la complique et la retarde.

Le pire, c'est lorsque le praticien est lui-même dans l'attachement ou dans les attentes. Beaucoup de personnes veulent aider les autres pour se réparer eux-mêmes. C'est dangereux. On ne peut pas vraiment aider si on n'est pas soi-même guéri. On ne peut se réparer en réparant l'autre. Certes participer à des soins chamaniques apporte aussi à ceux qui donnent. Cela permet d'apprendre, de sentir certaines choses, de voir ses limites, et si on est honnête de travailler sur celles-ci.

Faire un soin n'est pas le plus difficile. Gérer les suites des soins, gérer la psychologie des gens, leurs projections, attentes, la façon dont ils comprennent ce qui se passe, est mille fois plus délicat, et nécessite vraiment un grand discernement, une grande expérience, et d'être malin.

Le soin chamanique oblige à gérer continuellement la distance, à être apte de toucher l'autre au plus profond de son être, sans jamais s'y attacher, et en gardant la distance suffisante. C'est une situation qui ressemble parfois à de la haute voltige. J'en reviens donc à ce que j'ai écrit tout au début du livre : il faut aussi savoir dire non si les conditions ne sont pas remplies, et à tout moment si elles ne le sont plus, avant qu'il y ait des conséquences néfastes.

L'état d'esprit parfait pour aider est celui de la vraie compassion : un état où l'on est apte à accueillir et reconnaître tous les autres sans distinction, sans être atteint, mais aussi soi-même. Cet état ne s'obtient que par le travail sur soi.

Si j'insiste beaucoup sur les responsabilité de toute personne qui propose de l'aide, je n'oublie pas que celle qui en demande garde ses responsabilités à tout moment, également. Il appartient à toute personne de prendre soin d'elle, avant toute chose.

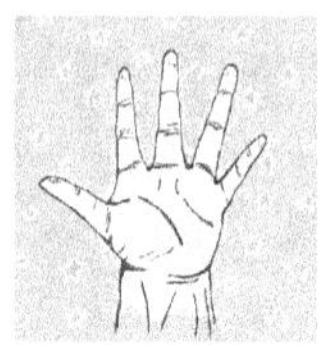

*Un soin chamanique est une expérience rare et précieuse
pour celui qui pratique, comme pour celui qui reçoit.
Cependant il ne faut pas s'y attacher.*

*Le soin lui-même n'est pas le plus difficile. Le suivi des
gens après le soin, la gestion de leur psychologie, est
autrement plus délicat.*

*Une grande sagesse est nécessaire pour faire la part des
choses, et que la relation reste saine.*

Témoignage de Anne-Marie sur les soins chamaniques reçus en stage

Début du témoignage

Pour écrire ce témoignage sur les soins chamaniques reçus et donnés en stage, j'ai relu mes notes des différents séminaires de guérison suivis depuis 2009. J'ai recompté le nombre de soins reçus : plus d'une quinzaine ! J'ai d'abord constaté que j'en avais peu de souvenirs finalement, bien que mes écrits parlaient parfois de « soins tant attendus ». Ensuite j'ai pris conscience que j'avais oublié la plupart des changements qu'ils avaient induits, que je n'étais pas capable de dire, « ah oui, après celui là, je ne réagissais plus de telle façon dans telles circonstances »... Il faut dire aussi qu'on quitte bien volontiers et sans regrets des morceaux de programme qui nous enfermaient depuis des années ! Et pour finir, les soins des premières années m'ont semblé bien naïfs, faits de voyages qui ne me parlent plus maintenant. Il faut dire que ce ne sont plus les mêmes sujets qui me préoccupent, et qu'à mes débuts la confusion régnait certainement, tant les problèmes étaient nombreux ! Je ressens cependant toujours autant de gratitude envers ce qui a été fait pour moi, envers ceux qui m'ont aidée, et je cultive cette gratitude, une façon de ne pas oublier ?

Lorsque je suis arrivée à la relecture des derniers soins vécus, plus récents, j'ai pu me rappeler les circonstances, en revivre des morceaux, et surtout j'ai senti leur profondeur... Ces soins là ont touché des morceaux « fondateurs » de mon programme.

Pour moi, recevoir un soin est toujours un agréable moment. Même si j'ai pu avoir quelques appréhensions au début, j'ai rapidement eu confiance, et même souhaité ces moments particuliers, curieuse de savoir ce qui allait se passer ! Lorsque je m'allonge sur le matelas, je suis celle qui va être soignée, aidée ce soir, dans cette ambiance tamisée, je sens que c'est un privilège en quelque sorte... Je me sens confiante dans ce petit groupe de 5 ou 6 personnes qui va prendre soin de moi, tous unis dans l'intention que tout se passe pour le mieux pour moi et que je reçoive ce dont j'ai besoin à ce moment là. Au fond, ces personnes sont dans la même galère : avec un conditionnement qu'elles subissent, et la volonté de s'en défaire !

Les élèves autour de moi se recentrent en méditant quelques instants, puis posent les mains sur moi, pour s'aider à sentir ce qui se joue en moi. Puis ils partagent leurs ressentis corporels, leurs visions éventuelles dans un tour de parole. Sans censure, tout peut être important, même si la projection de sa propre histoire sur celui qui est soigné peut aussi compliquer les choses. Le chef du groupe, un peu plus expérimenté, est là pour donner la « ligne de conduite ».

Lors d'un de mes premiers soins, ils ont ainsi senti de la lassitude, quelque chose de plat, du ciment qui prend, la gorge gonflée, la tête dans un étau...

En général, je suis contente de voir qu'ils sentent la même chose que moi, ce que je ressens dans mon corps également à ce moment là, qu'ils sont « sur la même piste que moi »... Parfois j'ai pu me sentir inquiète qu'ils ne ressentent pas la problématique que je crois la plus importante pour moi en cette période. Mais on est souvent mal placé pour décider de ce qui nous préoccupe réellement, par manque de recul, et l'angle de vue (ou de ressenti) des autres est bien plus objectif !

Vient ensuite le moment de décider quoi faire par rapport à tous ces ressentis. Le groupe décide ensemble, le chef tranche s'il y a besoin. A lui de voir, d'attribuer les tâches en quelque sorte, de percevoir qui a bien ressenti tel truc et se sent capable d'en faire quelque chose...

Cette fois là, c'était du « concret » en quelque sorte : ils ont décidé de se mettre tous ensemble à souffler dans l'intention de dynamiter cette chape de ciment, de tout casser. Ensuite l'un d'entre eux a réalisé en visualisation une sorte de « lobotomie » pour enlever tout le bouillonnement qu'il sentait dans mon crâne.

Et pour finir, un dernier m'a enlevé une minerve qui m'enserrait le cou...

Parfois des cadeaux sont soufflés, en rapport avec ce qui s'est fait en soin, *comme des graines magiques pour obtenir ce que je veux, une maison plus grande, des chevaux...* ça peut paraître un peu enfantin sorti du contexte, mais cela peut aider aussi, là j'y ai vu une métaphore pour me donner confiance en la vie.

Souvent, le groupe va souffler de l'amour pour éclaircir tous les ressentis, ne pas se laisser emporter dans une voie qui ne serait pas le vrai problème, et continuer à ressentir toujours plus profondément ce qui se passe en moi en soufflant...

Dans mes premiers soins, il y a souvent eu des voyages chamaniques, qu'un membre du groupe réalise pour celui qui est soigné, avec l'intention de lui venir en aide. C'est assez utilisé, notamment quand on ne voit pas trop par quel bout « attaquer le problème » car parfois c'est subtil, on ne le cerne pas bien, ou cela peut résonner chez ceux qui doivent aider, faisant écho à une des problématiques qu'ils rencontrent et n'ont pas encore dépassée, cela les rend moins aptes à accompagner l'autre dans un chemin qu'ils n'ont pas encore fait... D'où la présence de Valérie, indispensable pour recadrer certes, mais surtout pour sentir, aiguiller le groupe, et parfois intervenir...

Par exemple, lors d'un tout premier voyage fait par un autre élève pour moi (et qu'il m'a raconté, car on raconte toujours les voyages qu'on fait pour l'autre, cela permet à l'autre de savoir ce qui s'est fait pour lui, une intégration différente, des prises de conscience aussi...), on m'a montré que je voyais la vie comme un trophée à aller chercher en haut d'une montagne, montagne que je gravissais avec un lourd sac sur le dos, et finalement dans le voyage ce trophée se révélait être en toc...

Parfois, le message délivré dans le voyage est puissant, mais on met des années à l'intégrer, à le vivre vraiment, *comme ce voyage fait pour moi plusieurs années plus tard, où les esprits me disent « tu n'as rien d'autre à faire que d'être ce que tu es »...* Je n'en suis pas encore là aujourd'hui ! Hi hi !

Ce qui est aussi frappant, c'est ce que les autres essaient de transmettre directement à celui qui est allongé. Transmettre n'est pas forcément le bon terme, disons qu'ils sentent des choses en moi, que je ne sens pas par moi-même, et ils essaient de me les faire sentir pour m'aider à en prendre conscience... Tout ce qui se fait en soin repose sur l'intention de chacun. Je le mesure un peu plus à chaque soin, même si je dois dire qu'au départ c'était un peu flou pour moi, je n'étais sûrement pas en mesure d'avoir une intention claire et dénuée d'attentes... Et parfois c'est vraiment étonnant.

Je me souviens d'un soin où une personne a essayé de me transmettre la beauté de l'être qu'elle voyait en moi, pour me permettre de voir que cela existe en moi. A cette période j'étais sur un mode « je ne crois en rien, et surtout pas en moi », pour éviter de souffrir. Valérie avait également senti à ce moment là qu'on m'avait volé ma personnalité, et les autres m'avaient « rebranchée » à ce qui fait que je suis « moi ».

J'ai aussi pu sentir ma tête flotter avant un soin, sensation disparue à la suite, comme si on m'avait remis les pieds (et la tête) sur terre.

Les sensations sont étranges, j'ai pu sentir à différentes reprises comme une nouvelle énergie qui pétillait à nouveau dans tout mon corps, comme un vide comblé...

Une autre fois, le groupe a soufflé sur mon corps pour dégager un « dégoût de la vie » que je sentais depuis mon enfance, pas en continu bien sûr, mais toujours là en bruit de fond...et qui n'est plus jamais revenu ensuite, en tout cas pas sous cette forme.

En effet, ce mal-être en particulier, cette sensation de vie plate et ordinaire, sans intérêt, qui m'habitait depuis je dirais près de 40 ans, ne s'était pas créé tout seul à partir d'un seul événement, mais plutôt d'une suite d'interprétations malheureuses de ma part, dont entre autres un ressenti très présent à la maison quand j'étais jeune, mais aussi d'autres choses moins facilement identifiables. Disons que c'est une suite de ressentis qui a forgé ce mal-être durable. Du coup, forcément, il n'y a pas de baguette magique pour s'en débarrasser, et ce soin m'a débarrassé d'un pan de ce schéma mais pas de sa totalité, il a fallu y revenir plusieurs fois, laisser faire la vie qui m'a mise dans des situations où les émotions explorées me l'ont fait approcher sous d'autres angles...

Pour en revenir au soin, la richesse du groupe et des perceptions différentes de chacun, c'est aussi qu'ils savent mettre des mots là où je n'y arrive pas seule.

Une personne du groupe a eu une image de moi, petite, en train de m'enfoncer des pieux dans le corps, et Valérie a senti que je me maltraitais, que je me sabordais même... Oui, à l'époque je me « flagellais » à chacun de mes comportements que je jugeais inacceptable, qui ne me plaisait pas, et ce mécanisme était tellement ancien, comme s'il avait toujours été là finalement, que je n'étais pas en capacité de le voir par moi-même.

Seule l'innocence d'une personne libérée de tout programme, ou bien qui n'a pas cet élément dans son programme, peut permettre de mettre le doigt dessus ! Ce n'est pas facile de voir qu'on n'est pas son programme, mais qu'on en est victime. Oui, je me suis fait mon programme, mais je ne l'ai pas choisi délibérément ! Et le recul des autres est important, car là je ne voyais pas que je me faisais la guerre...

C'est comme si, aussi, l'énergie du groupe permettait de faire remonter à la surface des schémas inconscients.

Cette fois là, j'ai pu voir au cours du soin, d'un côté des gens qui aiment toutes ces Anne-Marie fabriquées (ou que je ressens en tout cas comme n'étant pas « moi ») et qui les plébiscitent. Et d'un autre côté, j'ai senti le rejet intense pour la vraie Anne-Marie, l'autre facette de ce même problème... Ces choses sont sorties immédiatement après, grâce à l'ouverture et à l'accueil par Valérie, dans l'amour inconditionnel...

Pour finir, je dirais qu'à l'issue d'un soin, je me suis toujours sentie bien plus en paix et dans l'amour de moi, différente aussi... et également dans un état de gratitude extrême envers les autres. Même si ça ne dure pas forcément et si on n'a pas toujours conscience de ce qui s'est vraiment joué là, ces moments sont transformateurs. Les modifications se font subrepticement dans les jours et les semaines qui suivent.

Cette période d'intégration du soin est parfois plus dure que le soin lui-même, je me souviens de moments où je n'ai plus eu goût à la vie, juste envie de rester dans mon lit, cela a duré quelques jours, je me suis crue en train de replonger dans la dépression. Et un matin, hop c'était fini...

D'autres fois, il n'y a pas eu de vagues émotionnelles, cela s'est fait tranquillement.

Les soins sont des moments privilégiés, encore une fois, où on ressent toute l'humanité des gens, toute leur bonté, où on sent une sorte d'unité. C'est parfois difficile de revenir à une autre forme de réalité, plus quotidienne, et qui nous fait oublier ça...

Les soins sont aussi transformateurs quand on participe au soin d'une autre personne. Le fait de s'ouvrir à l'autre, de l'accueillir de la façon la plus ouverte que l'on en est capable par rapport à notre propre cheminement intérieur, avec de l'amour pour cette personne, cela transforme également énormément. Comme si cette acceptation, on se l'offrait à soi aussi en même temps ?

Pour conclure, je dirais qu'un soin, c'est comme une autre dimension de la vie, et que l'expérimenter c'est très fort, voire de plus en plus fort au fil des soins (qu'on les reçoive ou qu'on les donne). C'est sans hésitation un moment énorme dans le cheminement du développement personnel, une « saveur » particulière et attachante, qu'on a tendance à vouloir retrouver, comme la madeleine de Proust.

Fin du témoignage de Anne-Marie

Le principe du soin est la transformation. Si une personne demande un soin, c'est parce qu'elle a besoin de changement. Quelque chose ne va pas, et d'une façon ou d'une autre il faut que cela change. Une fois que l'on a senti ce qui se passe, il faut être capable de le transformer. C'est valable pour toutes les formes de soins, autant physique que psychologique.

Dans l'idéal le problème doit être résolu après le soin, ou s'il ne l'est pas entièrement, au moins une étape devrait avoir été réalisée. Et cette étape en elle-même peut être quelque chose de fondamental ou très délicat. Parfois malgré tout, on ne perçoit pas exactement ce qui est fait et il serait difficile de l'exprimer avec des mots. Au moment de la transformation, les choses ne sont pas toujours comprises ou perçues d'une façon claire.

La façon dont la transformation est réalisée dépend de ce qu'il y a à transformer mais aussi de la façon dont cela nous apparait, donc de nos perceptions.

Dans un voyage chamanique tout apparait sous formes d'images. Le voyage nous propulse dans une sorte de film d'aventures qui dépend de ce qui se passe chez l'autre, mais aussi de notre univers à nous et de ce que nous sommes apte à voir. Le voyageur rencontre des situations qui représentent des choses à transformer, des problèmes qu'il faut résoudre pour avancer dans le voyage et dans le travail à réaliser. Le résultat n'est pas senti directement, souvent dans un voyage on ne sait pas exactement à quoi correspond ce qu'on rencontre et ce qu'on fait. Pour autant, il arrive que le résultat soit constaté dès la fin du voyage ; par exemple, la personne se sent très différente et cela se voit. Mais ce n'est pas toujours le cas.

A l' opposé les soins physiques que l'on fait avec les mains, sont vraiment des soins directs. On sent vraiment ce qui se passe et on sait ce qu'on fait, en gros. La transformation se perçoit immédiatement dans les sensations énergétiques qu'on a dans les mains. De même, ces sensations sont tout à fait indispensables à la transformation. Dans ce cas, on sent l'information portée par l'énergie, on utilise une information pour faire bouger les choses en s'appuyant sur les sensations, et on sent aussi le changement final.

Dans la transformation il y a toujours une information qui est modifiée au niveau de l'énergie, mais cela peut se faire de différentes façons.

Si on revient dans la configuration d'une approche de l'autre telle que décrite dans le chapitre précédent, tout est senti en soi : ce qui se passe, ce qui est transformé, et comment cela est transformé. Concrètement, qu'il y ait ou non des images qui accompagnent les ressentis, une fois que l'on a rejoint l'autre, on partage son vécu. C'est un point essentiel : il faut vouloir sincèrement partager ce vécu, sans quoi on ne peut pas rejoindre l'autre.

Le fait de partager ce vécu peut déjà être un grand réconfort pour la personne. Puisque j'ai souhaité la rencontrer, et la rejoindre là où elle est, j'accepte de partager sa souffrance, et je suis prête à la porter avec elle le temps du soin. C'est énorme. Ce ressenti s'oppose au sentiment général de solitude.

Je suis là pour apporter une aide directe, que je pourrai donner pleinement si la personne l'accepte. Ensuite c'est seulement parce que je suis en contact direct avec cette souffrance que je vais pouvoir la transformer, ou l'effacer. Dans tous les cas, il faut trouver comment changer les choses, et le faire, avec une conviction sans faille. Il n'y a place ni pour le doute ni pour l'hésitation. Dans cette configuration, c'est en soi que l'on sent ce qu'il faut changer, qu'on le touche, et qu'on le transforme. Tout repose sur le ressenti de la personne qui soigne.

Les soins sont très variés. Parfois il s'agit d'émotions anciennes, profondes et violentes, qui doivent être exprimées, ou simplement effacées. Pour faire cela, il est possible d'agir de plusieurs façons et je dirais que chaque cas crée sa solution. Certaines configurations sont plus courantes que les autres. Ce qui doit être exprimé peut être aspiré avec la bouche - dans certains cas si on tient la personne dans ses bras, on peut aspirer directement avec le ventre quand on sent que cela se situe dans le ventre-. A ce moment là si c'est ce qu'il faut, les émotions remontent et la personne les vit et les évacue en quelques minutes. Il est nécessaire d'accompagner cela, en aidant la personne non seulement à faire remonter les émotions, mais aussi à les vivre et à les transformer. Parfois il est nécessaire que la personne sente bien ce qu'il y a en elle, ses émotions, afin de reconnaître elle-même sa souffrance. Cela peut être important pour la suite du travail. Mais la plupart du temps une aide conséquente peut être fournie à la personne dans ce moment de catharsis.

Il est possible de transformer ce qui s'exprime («remonte»). Ainsi les émotions viennent mais sont rapidement transformées. Le vécu de la personne est beaucoup moins douloureux qu'il devrait l'être. Beaucoup de personnes le disent ensuite, finalement, ces souffrances si profondes sont passées avec facilité et rapidité, les laissant lessivées, au bon sens du terme. Selon les cas et ce qui est meilleur pour la personne, la transformation peut être plus ou moins rapide. Dans l'absolu, il peut suffire d'un instant pour effacer tout cela.

Comprenez qu'une émotion est une énergie, une information portée par l'énergie et que l'on peut changer cette information en un instant. Il est cependant généralement bon que la personne sente suffisamment de choses, car cela représente sa participation, et cela nourrit la compréhension qu'elle se fait de ce qui lui arrive. Elle peut se le représenter, le comprendre, et donc l'intégrer plus facilement.

Cependant un soin ne nécessite pas toujours l'expression de souffrances anciennes. Il n'est pas indispensable que la personne pleure ou traverse un moment pénible. Il existe maintes formes de soins. Le sujet de ce chapitre est la transformation. C'est quelque chose qui n'est pas directement lié aux émotions. Quel que soit ce que l'on trouve en approchant l'autre, il faut le transformer pour que la souffrance découlant de ce problème disparaisse.

Si des images apparaissent, on peut les raconter à la personne et on peut s'en servir de support pour la transformation. Par exemple si on voit cette personne dans un endroit sombre, on peut la sortir de ce lieu lugubre et l'emmener dans un endroit plus approprié. Si on voit la personne dans la peur, on peut la rassurer, et en même temps modifier les images qui sont apparues au début du soin.

Cependant, c'est différent d'un voyage (chamanique) car les images ne sont rien comparées à ce qui est ressenti. C'est sur le ressenti que s'appuie la transformation. Il est très difficile d'expliquer comment les choses sont transformées, car tout cela n'a aucun rapport avec une technique à appliquer. La transformation repose sur l'intention du chamane. Par l'intention, l'information portée par l'énergie est changée, et la sensation l'est aussi. On suit en direct la transformation. Le chamane le fait avec son pouvoir personnel, car il ne doute pas, et il n'a aucune peur de ce qu'il rencontre, même si c'est douloureux.

Lorsqu'on rencontre la souffrance de l'autre, on la vit précisément. Cela fait mal, parfois physiquement, mais surtout moralement. Pourtant cette souffrance ressentie ne peut en aucun cas atteindre ou blesser une personne qui est libérée, c'est-à-dire qui n'a plus de passé, et qui a eu l'expérience de l'éveil. En aucun cas le fait d'être libéré n'empêche de sentir la souffrance, ou ne protège de ce ressenti. Au contraire, le fait d'être libéré permet de le sentir pleinement, pour ce que c'est : une information douloureuse, parfois très douloureuse. En soignant ainsi on finit par avoir une grande connaissance de la souffrance humaine.

Si vous avez peur de souffrir, si vous ne souhaitez pas sincèrement partager la souffrance de votre frère humain, vous ne pouvez soigner ainsi. Il existera toujours une barrière entre vous et l'autre et vous devrez faire reposer votre aide sur des idées, des concepts, de la parole. Tout au plus un voyage chamanique vous sera possible, mais de très nombreuses choses ne pourront être touchées et transformées ainsi.

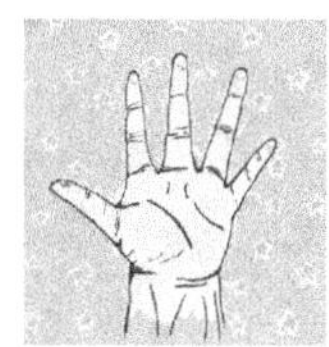

Une fois que l'on a senti ce qui se passe, il faut être capable de le transformer.

Dans la transformation il y a toujours une information qui est modifiée au niveau de l'énergie, mais cela peut se faire de différentes façons.

Il faut vouloir sincèrement partager le vécu de l'autre, sans quoi on ne peut pas le rejoindre et le soigner.

On ne peut transformer que ce que l'on touche, quel que soit le moyen employé pour cela.

L'information portée par l'énergie peut être modifiée en un instant par l'intention du chamane.

Le voyage chamanique est un moyen de transformation utile mais limité. Une approche directe est plus puissante.

«Je me sens comme un ange gardien
qui se penche sur l'enfant.
Je suis au-dessus d'elle.
J'ai l'impression d'avoir passé
la tête à travers le plafond.
Je suis immense.
Ce monde m'apparaît en miniature.
Je la regarde avec bienveillance.
L'enfant ne doit pas avoir peur, car je viens pour l'aider.
Elle tourne en rond avec son tricycle.
Je l'observe d'en haut.
L'appartement est sombre.
Je remarque que le tricycle est attaché à une sorte de pieu par
une corde.
Quelle scène étrange que cette petite fille qui tourne en rond
sur son tricycle attaché à un pieu,
au milieu de cet appartement !
Le logement est très sombre.
J'aperçois par la fenêtre
l'image d'une banlieue terne.
Il faut sortir l'enfant de là.
Je la détache.
Dans la pièce adjacente
j'aperçois un homme
assis à une table, noir,
je ne le distingue pas nettement.
Je dois tout faire sauter
mais l'enfant ne veut pas laisser l'homme
derrière elle.
C'est pourtant ainsi.

Je fais exploser l'appartement.
Tout part en fumée.
J'emmène la petite fille avec moi.
Derrière moi, je prends soin de brûler le quartier également.
Aucune trace ne doit rester de cet endroit.
Il ne sera jamais possible d'y retourner
ni d'y piéger un autre enfant.»

L'intention

L'intention est l'un des principes les plus importants à comprendre non seulement pour le travail chamanique, mais également pour la vie en général.

L'intention est ce qui permet de définir une information qui sera portée ou contenue dans l'énergie, ou bien de la modifier, ou de l'effacer. Par l'information qu'elle produit, l'intention contrôle et dirige l'énergie.

L'intention est la façon dont nous utilisons notre pouvoir personnel. Notre pouvoir personnel est partie du pouvoir général de l'univers, comme notre conscience est partie de la conscience générale de l'univers, comme nous sommes partie du reste de l'univers.

Nous ne sommes pas séparés de cet univers, mais nous en sommes une minuscule partie, qui est continuellement reliée au reste. Notre pouvoir personnel, c'est nous. Bien que le pouvoir d'un être humain soit limité par sa petitesse en comparaison avec la grandeur de l'univers, il existe et permet de réaliser des choses, qui à l'échelle humaine sont importantes.

Encore faut-il que ce pouvoir soit à notre disposition, c'est-à-dire qu'il ne soit pas piégé dans des traumatismes, des émotions refoulées, des parties de nous dont nous nous sommes déconnectés, dans des croyances ou des peurs. Ainsi, le travail de développement personnel rend à chacun son pouvoir, et donc le pouvoir de son intention.

L'intention n'est pas une idée, l'intention ne provient pas du mental, d'ailleurs rien ne provient du mental en lui même, celui-ci étant une sorte d'outil, de capacité à construire, des images, des sons, des mots, des phrases. L'intention est une volonté pure. La volonté ne provient pas de la tête. Ce que raconte la tête, est une chose, ce que veut l'être en est une autre.

L'intention est une volonté intime, qui peut être consciente ou inconsciente. L'intention est puissante si tout l'être vit ce désir, si aucun doute n'interfère, si aucune intention inconsciente «contraire» ne parasite le message qui est «transmis à l'univers». C'est valable pour la gestion de notre vie au quotidien, comme pour les soins chamaniques.

Comprendre ce qui rend nos intentions puissantes ou, au contraire, sans effet, est plutôt utile, dans tous les aspects de la vie. Il devient crucial de débusquer les intentions inconscientes, contradictoires avec nos intentions conscientes, et qui indirectement empêchent nos projets de se réaliser, par exemple. Si vous croyez ou souhaitez au fond de vous quelque chose qui n'est pas compatible avec vos souhaits avoués, alors ceux-ci ne se réaliseront pas.

Dans le cadre du chamanisme, l'intention doit être pure pour que la transformation ait lieu. Tous les soins, les prières, toutes les transformations, toutes les formes de pratiques chamaniques, avec ou sans support, avec ou sans rituel, reposent sur le pouvoir de l'intention. Lorsque l'on est dans une pratique chamanique, ou un soin, on utilise son pouvoir personnel d'être humain par une intention qui doit être pure pour donner des résultats. Il reste un fait que l'intention de l'autre personne concernée - la personne aidée - joue pour autant que celle du chamane et qu'elle peut aller dans le même sens ou non.

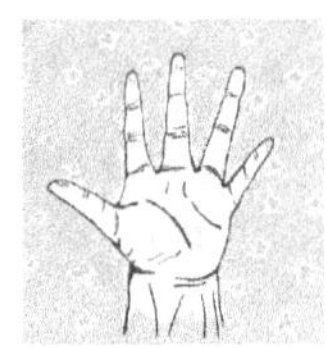

L'intention est ce qui permet de définir une information qui sera portée ou contenue dans l'énergie, ou bien de la modifier, ou de l'effacer.

L'intention est la façon dont nous utilisons notre pouvoir personnel. C'est une volonté intime, consciente ou inconsciente.

Le travail de développement personnel rend à chacun son pouvoir, et donc le pouvoir de son intention.

Les formes et le fond

L'ignorant confond la forme et le fond. Face à un phénomène naturel, une personne qui ne comprend pas ce qui se passe suppose des choses fausses sur les causes du phénomène. A mon avis, cela arrive fréquemment lorsqu'une personne non initiée observe une pratique chamanique.

J'ai expliqué que le pouvoir provenait de l'intention. C'est l'intention qui agit. Peu importe les rituels, la forme des pratiques, l'intention est ce qui compte. Toutes les prières, toutes les formes, sont des supports pour l'intention. Un support, peut être un symbole, un mot, une phrase, une suite de gestes. Les supports permettent de focaliser l'attention et l'intention de celui qui pratique. En ce sens, ils peuvent être utiles. Ils peuvent aussi être bénéfiques dans le cas de pratiques collectives, car ils permettent aux personnes présentes de focaliser leurs intentions, ensemble. Cela peut aller jusqu'à une forme de conditionnement.

Mais, par nature, les supports sont facultatifs, car ils ne sont pas l'essentiel. Le pouvoir n'est pas dans le support, le symbole ou le rite. Le pouvoir est dans la personne, ou les personnes. Il convient donc de ne pas s'attacher aux formes que revêtent les pratiques chamaniques. Une personne qui croit que la forme est l'essence, a besoin d'une culture pour pratiquer. Elle a besoin qu'on lui donne des recettes précises, qu'on lui explique que telle chose a tel sens, tel pouvoir, quoi faire et dans quel ordre. C'est ainsi qu'on trouve des recettes de magie, où on vous explique que pour obtenir un résultat il faut utiliser telle couleur de bougie, tel encens, dire trois fois une formule, etc... Tout cela est totalement futile. Une personne qui sait que la forme est sans importance n'a pas besoin d'une culture, de savoir, ou d'objets. Elle n'attribue aucun pouvoir aux choses ou aux symboles.

Dans toutes les expériences que je décris, la forme peut varier à l'infini. Lorsque j'enseigne aux gens des outils qui leur permettront de travailler sur eux-mêmes, je ne suis pas attachée à la forme. J'essaie d'attirer leur attention sur le fond, ce qui se passe au fond, et de les laisser libre de la forme dans une grande mesure. Je transmets des outils dans une forme dépouillée, vide de croyances culturelles, et qui peut être adaptée à chacun tout en étant sécurisée.

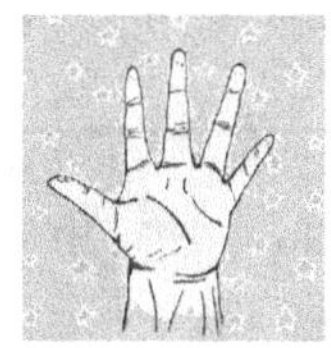

Seule l'intention agit.

Les supports, les objets, les rites, n'ont aucun pouvoir en eux-mêmes et sont facultatifs.

La forme peut varier à l'infini.

Extractions

Dans le monde, il existe une idée courante selon laquelle la maladie - ou le mal - est un esprit ou une énergie qu'il faut retirer. C'est ce qu'on appelle souvent «extraction» dans les stages pour les occidentaux.

Bien entendu, je n'adhère pas à la croyance selon laquelle la maladie est un esprit malveillant. Certaines énergies doivent simplement être retirées car elles ne sont pas à leur place. On peut le faire avec la main, simplement. On peut aussi l'aspirer avec la bouche.

Généralement, les gens considèrent cette énergie «extraite» comme dangereuse, et la jettent «dans l'espace» ou la crachent dans un récipient, réel ou imaginaire. Mais il est plus simple et plus élégant de transformer l'énergie en soi, au lieu de la recracher. On peut aussi la transformer quand on la prend avec la main.

J'ai pu pratiquer ce genre de choses mais au fil du temps cela s'est raréfié au profit d'autres approches. C'est sans doute dû à ma vision des choses, dans laquelle il n'existe pas d'esprit malfaisant ou d'énergie mauvaise.

Cependant, sentir la qualité de l'énergie et la transformer reste un moyen d'agir auquel il faut penser. En matière de soins, les situations varient énormément. Il est souvent utile ou nécessaire d'utiliser plusieurs approches.

Dans tous les cas, retirer, ou transformer, cela nécessite de sentir l'énergie, et sa qualité.

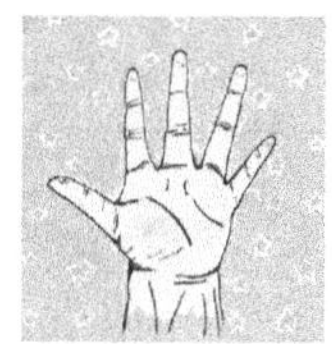

*On peut retirer une énergie avec la main ou en l'aspirant,
ou simplement la transformer.*

Recouvrement d'âme

L'autre pratique la plus répandue dans le monde est souvent nommée par les occidentaux «recouvrement d'âme». Comme tous les chamanes du monde j'ai été confrontée à cette forme de pratique, et bien avant de savoir la nommer. En effet, elle répond à un besoin universel, beaucoup plus profond et plus intéressant que l'extraction. De quoi s'agit-il ?

Pour comprendre le recouvrement d'âme, il faut admettre qu'il est possible qu'un être se coupe d'une partie de lui-même. Les chamanes traditionnels, qui vivent dans des cultures pleines de superstitions, pensent que des voleurs - esprits ou chamanes malveillants - volent l'âme des gens, ce qui entraine des maladies physiques ou mentales. En ce qui me concerne, ce que je sais, c'est qu'il arrive qu'on ne puisse plus avoir accès à une partie de son énergie, de son pouvoir personnel.

De mon point de vue, on ne peut pas voler le pouvoir ou l'âme de quelqu'un; et on ne peut pas non plus le perdre. Mais quand une partie de ce pouvoir est inaccessible, c'est comme s'il était perdu. Cela a des conséquences qui peuvent être graves, si une partie importante de l'être est concernée. Les gens en général se sentent morcelés. Ils sont sujets à des angoisses sans raison apparente, des envies de suicide, de la fatigue chronique, des dépressions, des maladies auto-immunes, etc.

Comment peut-on être déconnecté d'une partie de soi ? C'est à mon sens un phénomène naturel qui provient, comme beaucoup des causes des troubles mentaux, d'un système d'adaptation et de protection face à une situation dangereuse pour l'être, que ce soit un traumatisme ponctuel ou un contexte de souffrance récurrente.

Très classiquement on dit qu'on peut se couper d'une partie de soi dans le cas de traumatismes tels que : agressions, attentats, scènes de guerre, accidents, interventions chirurgicales. D'une façon générale, il s'agit de situations que l'être ne peut gérer, qui sont trop violentes ou douloureuses, qui touchent à l'intégrité physique ou psychologique de la personne.

Mais il arrive aussi que l'on se coupe de parties de soi, du fait de petits traumatismes. Le bonheur peut aussi être la source de «perte de l'âme» si on y est attaché.

En effet, lorsque l'on doit être séparé de quelque chose qui nous plait vraiment, on peut alors ne pas l'accepter, et se couper d'une partie de soi. Un exemple très facile à comprendre est celui du déménagement «forcé». Très souvent les gens disent «j'ai laissé une partie de moi là-bas». Sur un plan chamanique c'est parfois la stricte réalité. Il arrive fréquemment dans un soin chamanique de se retrouver face à une partie de la personne que l'on voit dans l'endroit qu'elle a dû quitter.

Ce ne sont que des images, car l'énergie de la personne n'est pas restée à proprement parler à cet endroit. Cependant, dans un soin chamanique on peut travailler avec le support de visions. Ainsi, quand on re-connecte l'énergie de la personne, on voit cette personne sous la forme qu'elle avait quand elle en a été déconnectée, et parfois à l'endroit où cela est arrivé. Si elle a vécu un traumatisme à l'âge de 8 ans, on se trouve face à un enfant de 8 ans.

D'une façon ou d'une autre, il faut ramener et reconnecter ce qui a été perdu, pour que la personne puisse se sentir entière. Cela peut être réalisé de multiples façons.

La première condition à remplir est d'être capable de sentir qu'il manque quelque chose, mais aussi que c'est le moment de le reconnecter. En effet, quasiment tout le monde a «perdu» de «petits morceaux», mais ce n'est pas forcément le moment de les reconnecter. Je souhaite vous rassurer tout de suite : on peut aussi récupérer une partie de son énergie tout seul.

Donc il faut que le chamane sente qu'il manque quelque chose. Normalement, lorsque je sens cela, c'est aussi que c'est le moment de le reconnecter. En effet, une personne saine ne cherche pas à sentir, et encore moins à intervenir à tout prix. Les perceptions saines sont présentes uniquement quand elles sont utiles.

Dans mon cas, l'impression que quelque chose manque s'accompagne généralement de picotements dans l'air qui nous entoure, et de la sensation que l'énergie manquante peut-être touchée. Le plus simple et le plus rapide est de ***convoquer*** cette énergie, de l'aspirer en soi par le nez, puis de la souffler à la personne, par la bouche. On peut souffler n'importe où dans le corps de la personne, mais le plus souvent, on souffle dans le coeur de celle-ci. Prendre en moi la partie de la personne que l'on retrouve est quelque chose de très courant dans ma pratique.

Pour les personnes moins expérimentées, cela peut se passer dans un voyage chamanique. Alors on rencontre la personne dans le voyage, sous la forme qu'elle avait au moment de la perte d'énergie, et il faut la ramener à l'être pour qu'il soit plus entier (en effet il est rare que tout soit re-connecté en un seul soin). Dans le voyage, on peut d'abord ramener cette partie jusqu'à la personne actuelle. Ensuite il faut la mettre en elle. Cela peut être réalisé de plusieurs façons. Le plus courant est de prendre d'abord cette partie en soi dans le voyage, sous forme énergétique, puis de la souffler dans la personne, toujours dans le voyage. Parfois on voit les deux parties fusionner. Il est possible de souffler dans la personne en même temps dans la réalité ordinaire.

Lorsque l'on contacte la partie d'énergie qui «manque» à la personne, il est parfois nécessaire de la soigner. Ce qu'on trouve peut porter de la souffrance, généralement la souffrance du traumatisme à la source de la déconnexion. Lorsque la personne est re-connectée à cette partie d'elle-même, alors elle devra vivre ces émotions douloureuses. Cela peut être nécessaire. En effet, il est souvent nécessaire que la personne reconnaisse sa propre souffrance. D'autres fois cela n'est pas nécessaire. Il est possible de «soigner», ou nettoyer cette énergie avant de la rendre à la personne. Tout cela doit être compris de façon instantanée et spontanée pendant le soin chamanique.

Suite à d'importants recouvrements d'âme, les changements pour la personne peuvent être énormes. C'est souvent difficile à vivre. Cela peut modifier profondément le vécu d'une personne, la façon dont elle se perçoit et dont elle perçoit le monde. C'est particulièrement vrai pour des personnes qui étaient déconnectées d'une grande partie de leur énergie.

Dans les cas les plus graves, la personne a très peu d'énergie à sa disposition. Elle semble vide, à moitié morte. Son regard n'exprime pas beaucoup de vie. Quand on la touche, son corps peut sembler de bois. Quand on tente d'entrer en contact avec elle, comme je l'ai décrit plus haut, on a l'impression qu'il n'y a personne dans ce corps ou bien que la personne est très loin. Dans ce genre de situation, la personne va très mal.

Comme elle est coupée d'elle-même, le travail réalisé avec un psychologue ne fonctionne pas. Reconnecter la personne à elle-même est vital. Mais une fois le recouvrement réalisé, le temps d'adaptation risque d'être long et difficile, car une telle personne sera totalement perdue et devra tout réapprendre de la vie et sur elle-même. Il me semble qu'il faut donc être très prudent avec ces pratiques. Elles sont très utiles, mais elles nécessitent un suivi, et il faut que la personne qui demande de l'aide soit prête et comprenne tout cela.

En conclusion, il est important de comprendre que la plupart des gens ne sont pas entiers, car leur énergie est investie dans maints phénomènes inconscients. Ils sont coupés de petites ou grandes parties de leur énergie, qui est investie et prisonnière de croyances, blessures enfouies, émotions cristallisées et refoulées. Nous sommes tous concernés. Un chemin de développement personnel mène à retrouver toute son énergie, à devenir soi, entier. Cela concerne plus que la guérison des traumatismes.

<u>Différencier perte de l'âme et autres problèmes</u>

La demande pour des recouvrement d'âme est grande. Cela peut sembler justifié par ce que j'ai dit plus haut. Et pourtant, de mon point de vue, cela ne l'est pas du tout. En effet, très peu de gens ont besoin avant tout d'un recouvrement d'âme. La plupart des gens ont besoin avant tout d'y voir clair sur leurs problèmes et ensuite de s'engager dans un travail sur eux qui dépassera largement le cadre d'un soin.

Il est très courant que des personnes demandent un recouvrement d'âme alors qu'elles n'en ont pas besoin du tout.

Beaucoup de personnes croient être déconnectées alors qu'elles ne le sont pas plus que la moyenne des humains. Il est très courant de confondre «vivre dans sa tête» et être déconnecté. La population en général vit dans sa tête, c'est-à-dire que l'activité mentale est incontrôlée et prend toute la place. Les gens qui sont envahis par des pensées continuelles et coupés de leur corps peuvent croire qu'ils sont déconnectés et ont besoin d'un recouvrement, mais cela n'a rien à voir.

L'agitation mentale constante, si elle est faite d'idées noires peut devenir une souffrance.

L'agitation mentale et le fait de s'identifier à cette activité, coupe du corps et des sensations, (la plupart du temps surtout des sensations agréables). Elle empêche de profiter de la vie.

Mais cela n'est pas la même chose que d'être coupé de son énergie. Cela ne relève pas du recouvrement d'âme.

A titre de repères, une personne qui a vraiment besoin de recouvrement d'âme, et avant toute chose, présente l'état suivant :

- absence de sensations physiques

- absence d'émotions. Elle ne pleure pas, ne sent pas grand chose en fait.

- sentiment de souffrance morale sans raison

- angoisses sans raison

- absence de vie dans le regard

- quand on la touche on a l'impression que le corps n'est pas habité.

Toute angoisse sans raison ne veut pas dire que l'on a besoin d'un recouvrement d'âme. Par exemple, il arrive très souvent que les gens soient angoissés pour la simple raison qu'ils ne comprennent pas leur état. Il arrive souvent que les gens confondent véritables angoisses et affolement mental. Ce n'est pas la même chose. Beaucoup de gens confondent pensées et émotions. Certaines personnes se disent angoissées alors qu'il n'y a aucune réelle angoisse. En fait elles sont juste dans un état d'agitation et elles paniquent car elles n'arrivent pas à comprendre ce qu'elles vivent ou n'arrivent pas à contrôler leur mental.

Les vraies angoisses ce n'est pas ça. Ce n'est pas dans la tête. Ce ne sont pas des pensées. Ce serait même plutôt quelque chose qui empêche de penser, qui fait le vide, qui approche du néant.

Dans la réalité, très peu de gens ont besoin de recouvrement d'âme, mais la totalité des gens ont besoin de quelqu'un qui y voit clair, qui les aide à mettre à plat leur situation réelle et qui puisse la leur expliquer.

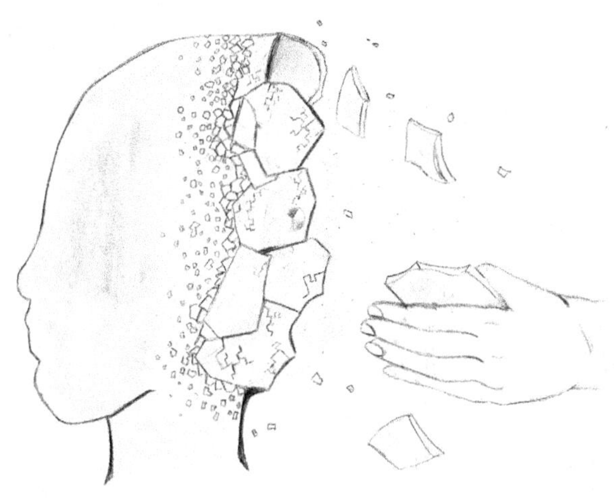

Voyage de recouvrement d'âme (exemple)

Voici un voyage chamanique que j'ai fait il y a plusieurs années et qui correspond à une personne ayant besoin d'un recouvrement d'âme. Comme je l'ai déjà écrit, le recouvrement ne se fait pas forcément en voyage, mais à cette époque je faisais plus souvent des voyages car j'étais moins expérimentée. Or j'étais très douée pour le voyage chamanique. Certains de mes voyages duraient plusieurs heures, et tous avaient des effets.

C'était une personne avec un passé extrêmement douloureux et violent, depuis la naissance, qui avait consulté médecins, psychiatres, ostéopathes, et d'autres «chamanes», sans succès. J'ai fait deux voyages chamaniques pour cette personne, deux jours de suite.

Avant le voyage, lorsque je posais les mains sur la personne je ne sentais rien, c'était comme si elle n'était pas là, ce que je lui ai dit. C'était, comme un zombie. La personne était suicidaire, maigre, elle n'était que souffrance.

Tout le voyage sera écrit en italique.

Je demande à faire ce qui peut être fait ce jour.

J'arrive dans ma grotte et je vois un indien jeune avec des peintures, il est souriant.

J'entre et je vois J. couchée sur le sol et attachée. Cela me choque un peu, cela ne me plaît pas.

Je vois le loup arriver, un loup gris du Canada.

Je le suis dans un tunnel puis on débouche dans une forêt enneigée avec des sapins.

Sur la gauche je vois un grand tipi indien, clair (blanc ?).

J'y entre. Dans le tipi il y a des indiens et un feu. et J. attachée à un mât.

Je me retrouve face à un chef indien. Il me fait fumer la pipe et il me donne quelque chose, des herbes, j'en mets une partie dans mon sac.. Je fais infuser le reste dans de l'eau qui est sur le feu, et je fais boire ça à J.

Je me demande ce que je vais faire pour elle. Elle est nue et sur son corps il y a des dessins peints de couleur terracotta.

Des coupures sont faites un peu partout sur son corps, et de ces fentes sortent un liquide noir et épais, genre goudron. Ensuite cela s'arrête et je me dis que je vais aller regarder dans son corps. J'entre dans son ventre, je vois ses organes, mais je me fais de plus en plus petite, et j'arrive au niveau de la cellule, puis de l'ADN. Il y a un grand cerf adulte avec de beaux bois, et il est baigné de doré. Je comprends qu'il garde quelque chose. Je lui demande comment changer le programme de J., il me dit qu'il me faudra trouver 3 clés et les lui apporter. Je grandis à l'envers et sors de son corps.

Ensuite on va démembrer J. (Ce processus est très courant, il consiste à détruire le corps pour en redonner un nouveau). La peau est arrachée, les muscles, les organes, les os mis en un tas. Ensuite le tout est brûlé, puis avec les cendres on fait une pâte en les mélangeant avec de la terre et de l'eau. Cela fait une boule comme une boule d'argile, que j'ai dans mes mains. Dans cette boule, je trouve la première clé et je la mets dans mon sac. Ensuite un nouveau corps est modelé et au final on a un corps adulte.

Le corps de J. est tout neuf, il brille un peu et on l'enduit d'une substance dorée et comme de la gelée. Elle est toujours attachée au poteau.

Alors j'entre dans sa gorge, et là j'arrive dans une salle lugubre, sombre, grise, froide... il y a une grande porte genre en pierre et fermée, avec une grosse chaîne et un cadenas. Il y a un gardien devant la porte et ce gardien est une sorte de rhinocéros en armure qui se tient debout, tout gris. Il a pas l'air commode.

Je vais le faire partir, je discute avec lui pour lui faire comprendre qu'il doit quitter les lieux, je négocie et au final je le paie en pièces d'or. Il disparaît, et toute la pièce change. Elle devient plus lumineuse, dans les tons cuivrés. La porte s'ouvre.

Un petit être ailé entre en volant, il est aussi cuivré , a de petites ailes et mesure dans les 20 cm. Je passe la porte et me retrouve dans un tunnel gris et noir.

J'avance, c'est plutôt lugubre. Je débouche dans un paysage gris et urbain en sortant par ce qui ressemble à une bouche d'égouts ronde. Autour de moi il y a des immeubles, le ciel est gris, tout est silencieux, lugubre, sombre. Il n'y a personne en vue. Le sol est pavé. J'avance dans les rues. =j'entre dans un bâtiment en descendant un escalier qui semble conduire à des caves. Je descends plusieurs escaliers et avance dans des couloirs gris.

J'arrive dans une cave pas très grande, typique d'une cave d'immeuble, en longueur. Dans cette cave il y a des petites filles de plusieurs âges, aux yeux clairs, je dirais jusqu'à 13 ans environ. Depuis toute petite (deux ou 3 ans) . Il y en a bien une dizaine, je me dis que je vais devoir les ramener à J. Je leur parle et leur donne des bonbons. Je vais les ramener. Mais je ne vais pas les traîner avec moi alors je les mets sous forme énergétique toutes ensemble et je les aspire en moi. Je vais partir mais j'hésite. Je pense qu'il manque quelqu'un , je cherche, je regarde et je trouve une autre fille, qui est cachée dans un recoin derrière un escalier, elle est attachée, et a un drôle d'air (autiste). Je la détache et la prend aussi en moi. Je m'en vais et refais le chemin à l'envers, je reviens dans la salle dans la gorge de J, je revois le petit être ailé qui me donne une clef, puis je sors de son corps. Ensuite je souffle les petites filles dans la gorge de J. Dans le tipi et aussi dans la réalité ordinaire. Je scelle avec le hochet.

Puis je vais dans le coeur de J. (toujours attachée à son poteau) et là je tombe, je tombe[17] dans un trou et je me retrouve carrément dans le vide intersidéral.

Je me demande comment je vais la trouver. Je regarde partout et mon regard est attiré par une étoile très très loin. Je me dirige vers cette étoile petit à petit. Quand je suis devant, je vois que ce n'est pas vraiment une étoile mais autre chose (indéterminé).

Dans cette chose qui est tout de même lumineuse, d'une couleur orangée , il y a plein de choses, de vie, de choses vivantes, de personnes, etc. et en plus de cela sur cette sorte de boule qui ressemble à une étoile je vois un visage, un visage féminin et bienveillant , protecteur et qui sourit. Je vais ramener cette étoile. Elle rapetisse et je la prends dans mes mains. Je remonte et me retrouve dans le coeur de J., dans une salle, cette fois, et là il y a cet être qui souriait dans l'étoile et c'est une femme. Elle me donne la troisième clé. Je sors du corps de J.

J'ai la boule étoile et je la prends dans mes mains et la mets dans son coeur, et souffle dedans. Je fais de même dans la réalité ordinaire. Je scelle avec le hochet. Ensuite je me dis que je vais pouvoir ramener les 3 clés au cerf, mais pas encore. Je prends J. par la main et on sort du tipi. Je la conduis à une source qui coule à côté du tipi. Elle entre dedans et je la lave. Je ne la lave pas seulement à l'extérieur, mais en même temps à l"intérieur.

Ensuite on rentre dans le tipi. Je rentre dans le corps de J. Je me réduis et retrouve le cerf, lui donne les trois clefs, je lui demande s'il est d'accord pour faire le changement il dit ok.

---

[17] le fait de tomber dure longtemps

Lorsque je me suis relevée après le voyage et l'ai raconté
à la personne, elle s'est mise à se sentir mal, à avoir des
remontées émotionnelles. Alors a commencé un soin de
plusieurs heures pendant lequel toutes sortes d'émotions étaient
exprimées par la personne et je soignais ses blessures au fur et
à mesure en la tenant dans mes bras. On peu dire que l'effet du
voyage a été immédiat.

Le lendemain j'ai fait un autre voyage chamanique pour
poursuivre le travail.

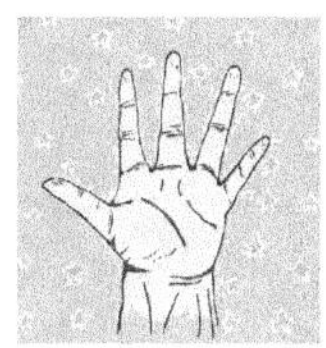

Il faut ramener et reconnecter ce qui a été perdu, pour que la personne puisse se sentir entière. Cela peut être réalisé de multiples façons.

Lorsque l'on contacte la partie d'énergie qui «manque» à la personne, il est parfois nécessaire de soigner cette «partie» avant de la lui rendre.

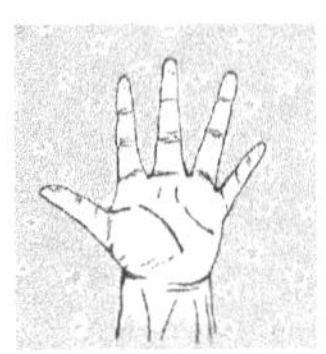

Dans le cas contraire, la personne devra revivre les émotions qui accompagnaient la cause de la perte.

Suite à un recouvrement d'âme, une adaptation est toujours nécessaire. Elle peut être difficile.

Le voyage chamanique est une pratique emblématique du chamanisme. Elle est très répandue dans le monde. Elle est naturelle, parfois spontanée, simple et aisée. Le voyage chamanique consiste en une altération volontaire de l'état de conscience afin de modifier sa perception de la réalité.

L'état de conscience est la façon dont on perçoit à un instant «t». Dans une pratique comme le voyage chamanique, on le modifie pour percevoir autrement. Cela peut concerner une situation, un problème. Les personnes qui souhaitent pratiquer le voyage chamanique cherchent à avoir des réponses, à ouvrir des portes en elles-mêmes. Très souvent, les gens attendent trop du voyage chamanique.

Il n'est pas nécessaire de prendre des plantes ou des drogues pour voyager : c'est même contre-productif. Un voyage chamanique ne doit pas être un «trip» provoqué par un produit hallucinogène. Une chose très simple m'a été dite à un moment de mon initiation chamanique : « On conduit mieux quand on n'est pas bourré». C'est une évidence.

Il n'est pas non plus nécessaire d'entrer dans une transe impressionnante comme on peut en voir dans certains documentaires ethnologiques, montrant des sorciers aux yeux révulsés, comme possédés par les esprits, ou le diable (pour rester dans notre culture).

L'état de conscience est légèrement modifié par le son du tambour, dont il est prouvé que le rythme régulier et rapide influe sur les ondes du cerveau. Utilisant son pouvoir d'imagination, le voyageur se rend dans son lieu de départ dans le monde du voyage - très souvent une grotte-, ou bien laisse simplement venir à lui les images, les sons, les odeurs. Tous les sens sont présents.

Pendant le voyage chamanique, on se retrouve en divers lieux - la plupart n'existant pas dans la réalité ordinaire - et on rencontre des êtres de formes variées : humains, animaux, hybrides, êtres fantastiques, animaux disparus. Tout ce qui est vu, rencontré, senti, est une réponse à l'intention de celui qui voyage.

Cette intention doit être formulée avant le voyage et est toujours une demande d'aide. Si tout allait parfaitement, et si on pouvait résoudre les problèmes facilement, il ne serait pas nécessaire de pratiquer un voyage chamanique. Le voyage n'est pas une fin, c'est un moyen, un outil. Il présente l'avantage d'être accessible aux débutants. C'est un outil facile car tout ce qui doit être su ou transformé apparait sous forme de lieux, êtres, images, qui sont des supports facilitant l'approche et le travail.

Tout ce qui est perçu appartient à celui qui voyage. Il faut se souvenir impérativement que toute perception appartient à celui qui l'a. Les images et ressentis du voyage sont passés par le filtre du cerveau du voyageur. Ils appartiennent à son univers, et sont influencés par ses croyances et son vécu. Il ne faut pas s'attacher à la forme que prennent les choses dans un voyage. Ces formes peuvent représenter quelque chose de réel, mais ne sont pas cette réalité.

Il me semble important de bien noter que les voyages chamaniques ne servent pas uniquement, ni même spécifiquement, à avoir des informations. Je ne considère pas le voyage comme une forme de divination. Tout du moins, cet aspect me semble moins intéressant. Pour moi, les voyages ont toujours été des pratiques de transformation. Il ne s'agissait pas juste de voir des choses, ou de comprendre, mais bien d'intervenir, d'agir, pour changer la situation. Les images et les lieux, les actes effectués pendant le voyage sont des métaphores qui alors servent de support pour l'intention, qui transforme ce qui doit être transformé.

Il est souhaitable que chacun voyage pour lui-même - c'est de loin le plus sûr - mais il est possible de faire un voyage chamanique pour une autre personne. Dans ce cas, tout ce qui est perçu dans le voyage dépend à la fois de soi et de la personne à aider, de son univers. Attention, comme pour toute forme d'aide et particulièrement lorsque cela repose sur des images ou perceptions, le risque que le praticien projette et se trompe existe. Il faut donc avoir du recul et ne s'intéresser finalement qu'aux résultats visibles, quand ils sont là. Le voyage en lui-même ne fera pas grand mal, mais ce qui peut en faire beaucoup plus, c'est de prendre au pied de la lettre la belle histoire que représente ce voyage. La pratique pour les autres reste réservée à de vrais chamanes, qui ont travaillé sur eux et ne projetteront pas.

Quand cette situation se présente, et que le voyage semble être une bonne solution, il est habituel de s'allonger à côté de la personne. Personnellement, je préfère ne pas la toucher directement. Pendant le voyage il arrive assez souvent qu'il faille souffler dans la personne. Dans ce cas, je trouve bon de souffler aussi dans la personne dans la réalité ordinaire. Je m'assois donc, me penche sur elle et souffle. Ensuite je me rallonge et continue à jouer du tambour et à voyager.

Au fil du temps, j'ai fait un très grand nombre de voyages chamaniques. Pendant des années, je réalisais de longs voyages très riches et très clairs, aussi clairs que la vie réelle. Lorsque je commençais le voyage, mon état de conscience se modifiait immédiatement, et c'était aussi facile que d'ouvrir une porte sur une nouvelle pièce de mon appartement pour pénétrer dans un nouveau monde. Je m'en souvenais d'ailleurs très bien, pendant très longtemps (j'ai écrit certains voyages plusieurs années après les avoir faits).

Petit à petit, mes voyages se sont simplifiés et j'ai de moins en moins aimé faire cela, car je n'en avais plus besoin. Les voyages que l'on fait dépendent beaucoup de soi, de là où on en est, de ses croyances et capacités. Lorsqu'on évolue, les voyages changent naturellement de forme, de style.

Pour un débutant la gageure est de réaliser des voyages clairs, riches, et avec la présence des cinq sens. Quand la personne pratique souvent, elle progresse sur tous ces aspects du voyage. Mais quand on continue à travailler sur soi, on devient de plus en plus conscient, et il est de moins en moins nécessaire d'avoir recours à des supports ou à des intermédiaires pour les pratiques chamaniques.

C'est ce qui m'est arrivé. Puisque je pouvais faire les choses sans voyage, me forcer à en faire devenait une corvée. Il est rare pour moi maintenant de faire un vrai voyage car j'ai accès à la fois aux informations et aux transformations sans avoir besoin de passer par tous ces intermédiaires que sont les scénarios et les images des voyages chamaniques. Cependant, dès que nécessaire me viennent de petits voyages, des images, mais avec beaucoup plus de simplicité, de rapidité dans l'exécution, et de facilité qu'autrefois.

Le voyage chamanique est une pratique aisée, et il est simple de l'enseigner aux gens qui veulent l'utiliser pour leur développement personnel. Je le fais régulièrement dans mes stages.

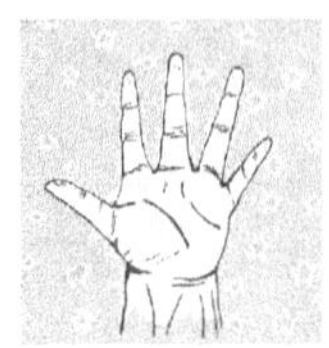

Dans un état de conscience modifié par le son du tambour et son intention, le chamane voyage dans divers lieux, rencontre des êtres, et agit.

Le voyage chamanique est un outil de transformation accessible à la majorité des gens, quand il s'agit de pratiquer pour soi.

Les images, les lieux, les actions du voyage chamanique sont des métaphores qui servent de support à l'intention.

Voyage chamanique et hypnose

La pratique du voyage chamanique est simple et accessible à presque tout le monde. Pratiquer le voyage chamanique, bien évidemment, ne fait de personne un chamane.

Il est possible de faire pratiquer un voyage chamanique à une personne dans un but thérapeutique, comme on le fait en hypnose.

Le voyage chamanique est une forme d'hypnose, et comme l'hypnose, il utilise le pouvoir de l'imagination. Aucun autre pouvoir n'est nécessaire, que ce soit pour l'hypnose ou le voyage. Pas de pouvoir magique, pas d'hypnotiseur qui aurait un pouvoir sur vous. La seule personne qui a du pouvoir sur vous c'est vous. Le chamane considère l'imagination comme un pouvoir, qui vous mène exactement où vous voulez, et vous permet de donner forme à votre intention.

Il est assez facile d'aider une personne à entrer dans l'état de conscience du voyage. Ce n'est pas très différent du processus pour entrer en hypnose. Et comme pour l'hypnose, la transe est plus ou mois profonde selon la méthode utilisée, la personne, le moment, etc. La plupart du temps, la méthode consiste à saturer les sens d'informations, pour obtenir une forme de dissociation.

Il existe cependant des différences non négligeables entre voyage chamanique et hypnose. La plus importante c'est que pour un voyage chamanique on n'utilise pas de protocole précis. Les personnes qui pratiquent l'hypnose suivent des formations pendant lesquelles elles apprennent des protocoles à suivre précisément pour, par exemple, aider une personne à arrêter de fumer, ou à maigrir. A leurs yeux ces protocoles sont importants au point d'envoyer des espions dans les stages des autres pour «voler» leurs protocoles. En réalité la formation en hypnose consiste en l'apprentissage de protocoles.

C'est assez grotesque du point de vue d'un chamane. La modification de l'état de conscience doit permettre d'accéder à tout ce qui est accessible et utile, sans limite. Le voyage chamanique n'a pas de cadre précis. C'est une ouverture à soi et au monde, et non quelque chose de «standardisé». Si on envisage de guider une personne dans sa pratique d'un voyage chamanique, il faut toujours le faire en restant très en retrait et surtout pas lui imposer un scénario.

Dans le cadre de l'hypnose, on demande à la personne de s'imaginer dans un endroit sécurisé, puis on lui fait diverses suggestions dans le but d'évoquer son problème et une façon de le changer. Par exemple, pour s'éloigner d'un problème, on lui dit de monter dans une montgolfière, très haut, de plus en plus haut, jusqu'à ce que le problème lui apparaisse tout petit, puis, par exemple on lui dit de couper la corde qui relie la montgolfière au sol. Ou bien, on lui suggère d'imaginer son problème sur un écran de cinéma ou de télévision, puis de changer le scénario.

Ces protocoles sont la plupart du temps simplistes. Le problème c'est qu'ils sont limités et pas forcément adaptés à la personne qui demande de l'aide car ils sont sensés être utilisés avec tout le monde. On retrouve encore une fois la conception standardisée du soin. Ces protocoles sont des sortes de scénarios de voyages chamaniques, qui sont imposés aux gens qui consultent l'hypnothérapeute.

Lorsque l'on fait faire un voyage chamanique au contraire, même si on peut guider la personne, ce qui est le plus remarquable est la façon dont ce qui se passe dans le voyage est imprévisible, autant pour soi que pour la personne qui voyage elle-même, tout en lui étant parfaitement adapté.

Les gens expriment la plupart du temps que ce qu'ils ont vus et fait en voyage leur parle vraiment, profondément. C'est LEUR voyage, unique, non reproductible, et qui ne ressemble pas aux voyages des autres personnes. Il n'est imposé par rien. La sensation que procure un voyage chamanique à une personne, que ce soit elle qui le fasse ou que l'on voyage pour elle, c'est qu'il s'agit de quelque chose de très personnel et qui touche profondément, qui parle d'elle. C'est précieux.

Le voyage peut être utilisé à peu près comme l'est l'hypnose, mais avec moins de limitations. Ce qui est intéressant alors c'est de laisser la personne agir pour elle-même; ce qui est très sain et lui rend son pouvoir personnel. Comme je l'ai dit plus haut, le développement personnel doit être réalisé principalement par la personne elle-même. Guider une personne qui voyage ou mieux, lui apprendre à voyager seule, c'est la rendre active dans son changement.

L'absence de protocole - ou scénario - pour le voyage ouvre un champ immense pour le travail sur soi. Il va sans dire que la pratique du voyage est sans danger, si on choisit de le faire dans de bonnes conditions. Dans les stages j'enseigne une pratique du voyage chamanique sérieuse et sécurisée. Dans le cadre d'un travail en individuel, les personnes peuvent être guidées de façon tout aussi sécurisée afin de voyager pour régler une problématique.

Comme c'est le cas dans l'hypnose quand elle est bien faite, le voyage chamanique permet de «discuter avec son inconscient», et de façon quasi illimitée.

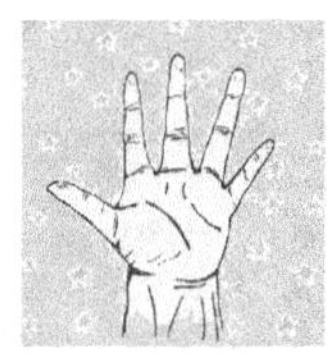

L'absence de protocole pour le voyage chamanique ouvre un champ immense pour le travail sur soi en utilisant les états de conscience modifiés en toute sécurité et sans drogue.

Travail à distance

Une partie du travail chamanique peut être réalisé à distance. Il est possible de faire un voyage chamanique à distance pour quelqu'un sans que cela soit plus difficile, mais toutes les formes de soins chamaniques sont dans une certaine mesure réalisables à distance.

Cela peut être utile lorsque l'on accompagne une personne sur une longue période, et que des rendez-vous réguliers ne sont pas envisageables. C'est souvent nécessaire pour des soins physiques qui doivent être quotidiens sur plusieurs semaines ou mois.

Les soins à distance sont possibles car à un certain niveau toutes choses sont unies. Cependant, les soins en directs sont toujours à privilégier. Comme je l'ai expliqué plus haut, la psychologie, et le contact avec l'autre, comptent énormément pour prendre soin des autres. Aucun soin à distance ne permet la même interaction qu'un soin en direct. Je pense qu'il ne faut utiliser le soin à distance que pour les cas où il est vraiment impossible ou moins bon d'agir en direct.

En aucun cas il ne faut faire croire que les pratiques à distance sont équivalentes aux pratiques en direct. Il est dommage que certains guérisseurs ne travaillent qu'à distance : de cette manière l'implication est médiocre, tant pour celui qui pratique que pour la personne qui demande de l'aide. A mon avis on ne peut vraiment aider l'autre uniquement avec des pratiques à distance. De même on ne peut apprendre grand chose en pratiquant à distance. Les pratiques à distance sont un complément aux pratiques en direct.

Il existe des situations dans lesquelles elles sont utiles. En particulier dans les soins physiques, lorsque l'on doit travailler sur la totalité du corps en même temps, ou à des endroits inaccessibles, à l'intérieur du corps. Alors poser les mains serait moins efficace et surtout moins pratique.

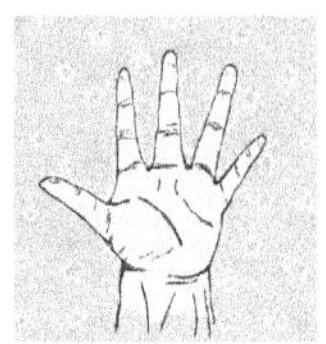

*Toutes les formes de soins chamaniques sont dans une
certaine mesure réalisables à distance.*

Voici un autre témoignage.

J'ai envie de parler du soin de la retraite de cet été car je peux enfin le regarder avec du recul et bien le comprendre, 5 mois après.
Je me sentais très fatiguée, j'avais très chaud. Depuis quelques semaines, les émotions que je ressentais étaient très fortes : je pleurais beaucoup, j'avais de fortes oppressions thoraciques, une boule dans la gorge énorme qui m'empêchait de parler parfois... En explorant, je sentais que je touchais la partie émergée de l'iceberg. Qu'au fond, il y avait une grosse part d'ombre bloquée. Comme enfermée dans un sac hermétique et extrêmement solide. Malgré mes différents essais, avec différentes techniques, je n'arrivais pas à approcher cette masse noire, je me sentais impuissante.

Le premier soir de la retraite, le groupe a décidé que ce serait moi qui passerais en premier. Je me sentais perdue, je ne m'étais pas préparée, je ne me sentais même pas capable de faire quoi que ce soit pour moi dans ce soin. Alors, j'ai fait confiance au groupe !
Les émotions que je ressentais étaient très fortes, les copains ont pu les sentir aussi.
B. a plongé en moi pour voir : il a trouvé une petite Véronique dans une tempête qu'il était impossible de secourir. Il a cherché à l'approcher en vain. Il a enlevé la tempête, a vu du noir, de la tristesse, de la souffrance, du vent. Puis tout s'est calmé et il est resté un squelette. Il a senti une grande tristesse, a pris ce squelette en demandant de l'aide : on lui dit qu'on ne ramène pas les morts à la vie, que ce qui est mort est mort. Il a senti qu'il fallait faire un enterrement, qu'il y avait un deuil à faire. A ce moment là, la petite Véro est réapparue.

Le groupe me pose des questions, me demande si je veux faire un voyage pour m'aider. Je sens l'arrière de mes jambes qui tire de toutes ses forces, je résiste. Impossible pour moi de faire quoi que ce soit : je sens que je dois lâcher quelque chose mais je n'arrive pas à voir quoi. C'est partout dans et autour de moi, mais impossible de le toucher !

M. est allée voir à son tour : Elle sent beaucoup d'agitation, le cœur qui bat très fort, un tourbillon avec une petite Véro dedans. Elle se sent un peu emportée comme dans un bateau. Elle arrive à stabiliser le tout et se rapproche de la petite Véro. Cette dernière l'emmène en riant dans une maison hantée de fête foraine, tout semble aller bien. Dans cette maison, elle voit 2 totems représentant le père et la mère. La petite Véro ne rigole plus. Une grande Véronique apparaît alors, en disant à la petite de venir avec elle dans un autre endroit plus agréable : la petite Véronique ne veux pas aller ailleurs, car elle ne peut pas concevoir qu'autre chose puisse exister, ce n'est pas possible. Sinon, cela voudrait dire que tout ce qui s'est passé est inacceptable. M., la grande et la petite Véronique vont tout de même dans un autre endroit, mais la petite ne fait que pleurer. Elle semble avoir besoin de s'accrocher à une maman. La grande Véronique jouera ce rôle, pour l'aider à cicatriser. Puis, plein de monde arrive, comme une fête de village, tout va mieux. Un aigle apparaît et vole au dessus du village. Il garantira que tout se passe bien.

Je reçois des cadeaux, un soleil de M., un chat de B. et un papillon de C. E. n'a pas d'idée de cadeau.

A la suite du soin, j'ai été très fatiguée et j'ai ressenti beaucoup d'émotions, un peu comme avant. A la différence que j'ai pu ouvrir ce sac d'ombre et aller chercher les nombreuses petites Véroniques en souffrance, qui avaient besoin « d'une maman ». Aller rencontrer les parties de moi qui se sentent encore victime de maltraitance par mes parents. Les accueillir, les aimer, les guérir et récupérer toute cette énergie coincée dans ce sac.

J'ai également pu abandonner certains comportements très présents chez moi et qui m'ont conduit au burn-out comme l'idée de devoir toujours tout réussir dans la vie à tout prix ; devoir se battre tout le temps pour obtenir de la reconnaissance ; devoir tout faire toute seule... Boudu quand j'y repense, quelles souffrances !

Aujourd'hui je suis moins fatiguée, et les émotions sont bien moins présentes. Je me sens plus forte, plus unie, plus moi même dans tous les domaines de ma vie. Et je continue d'accueillir presque chaque jour une nouvelle partie de moi, pour mon plus grand bonheur.

Fin du témoignage

Par nature tout ce que j'ai décrit jusqu'ici est l'opposé du travail manuel. C'est un travail qui ne comporte aucune manipulation, et qui ne se situe pas directement au niveau physique. Cependant à un moment, je me suis retrouvée obligée de passer à une version plus «physique» du soin chamanique (toujours sans manipulation). En effet, lorsque les causes sont purement physiques, et en particulier mécaniques, il peut être nécessaire de déplacer des éléments tels que les os.

On peut parfois agir sur des problèmes physiques par les moyens cités dans les chapitres précédents, mais ces méthodes ne sont pas directes et n'agissent sur le physique que par voie de conséquence. Cela n'est donc pas adapté à toute forme de problème.

La chirurgie est souvent le meilleur moyen pour réparer rapidement et efficacement des problèmes mécaniques et c'est un domaine où la médecine fait parfois des miracles. Encore faut-il que le problème soit clairement décelable et mesurable par l'imagerie médicale. Il faut également prendre en compte les effets secondaires, c'est à-dire les dégâts qui peuvent suivre les traitements classiques. Une fois qu'un chirurgien a cassé, raboté ou retiré quelque chose, on ne peut plus revenir en arrière.

D'autre part, les méthodes classiques ne sont pas forcément capables de réaliser des ajustements suffisamment fins, ou bien qui agissent sur plusieurs types de tissus de façon conjointe pour obtenir le résultat voulu (par exemple, muscles, os, tendons, et nerfs). Lorsque les déplacements ou arrangements nécessaires concernent tout le squelette (et qu'il faut tout faire bouger en même temps) ou bien doivent être réalisés en douceur, par de micro-mouvements, un travail avec l'énergie est plus indiqué, voire le seul possible.

Je fus donc confrontée au besoin de réparer et faire bouger un squelette du crâne au bassin, là où les ostéopathes et autres spécialistes étaient inefficaces et ne décelaient pas vraiment le problème. Pour cela il a fallu m'entrainer à utiliser l'énergie comme un prolongement de mes mains et de mes doigts. Cette forme de soin demande de sentir la Force qui constitue la matière et la non-matière et de la diriger comme un outil.

Il faut absolument bien sentir cette Force, autour de nous, en nous, et en l'autre. Ensuite il faut lui donner des ordres, lui dire ce qu'on veut qu'elle fasse. Elle devient un outil entre nos mains, mais la sensation est plutôt qu'elle prolonge celles-ci.

Petite parenthèse : je sais que tout ça fait penser à Star Wars et que du coup cela peut paraitre une blague, mais ce n'est qu'un mot. Si j'emploie ce mot «Force», c'est parce que c'est ainsi que ce travail m'a été présenté lorsqu'il m'a été enseigné par les esprits.. et pour être honnête , la Force de Star Wars parait être la chose «connue du public» la plus proche de ce dont je parle dans ce chapitre. De toute façon, peu importe, ce qui compte c'est que ce soit réel et que ça marche.

Reprenons !

Ce n'est pas facile. Sentir cette Force, l'utiliser comme le prolongement de mes mains, ou comme un instrument chirurgical, nécessite une grande concentration. Mais grâce à cela énormément de choses deviennent possibles. La Force à l'intérieur de la personne à soigner, et autour d'elle, dans son corps, dans un organe, à l'endroit qui doit être modifié, agit sur les éléments physiques au niveau infinitésimal, selon nos ordres. On peut demander à cette force de déplacer, remettre en place, réparer, guérir, soulager, anesthésier, déprogrammer, dissoudre, etc.

La force qui est utilisée est partout, en chacun, et partout ailleurs. Elle est dans la personne à soigner, elle est en nous, et partout ailleurs. On peut agir dessus , l'utiliser comme un instrument qui prolonge nos mains ou nos doigts, et la faire travailler. Il ne s'agit pas de donner de l'énergie comme dans c'est le cas dans d'autres formes de soins, il s'agit de diriger une force.

Il y a de nombreuses personnes qui ont des douleurs dont les causes sont bien mécaniques, et qui pourtant ne sont pas décelables par les moyens modernes, ou incompréhensibles par les médecins. Il y a beaucoup d'atteintes nerveuses qui ne sont pas connues ou décelables, et beaucoup de tous petits déplacements invisibles aux radios et qui causent des douleurs. Lorsqu'un médecin ne comprend pas, très souvent, il a tendance à dire que cela n'existe pas, ou à avancer que «c'est psychosomatique».

J'ai pu voir beaucoup de séquelles suite à des traitements d'orthodontie, qui étaient simplement niées. Comment peut-on penser que le fait de déplacer une mâchoire sera sans conséquence (terribles élastiques).

Ce qui est grave c'est lorsque le médecin trouve une fausse raison, et y va de la chirurgie pour réparer quelque chose qui n'est pas du tout la cause du problème, entrainant encore d'autres séquelles. Comme il ne sait pas pourquoi la personne souffre, la première petite anomalie détectée devient une cause possible. Certains médecins n'hésiteront pas à dire «ça pourrait être ça», alors qu'ils n'en savent rien, et à aller jusqu'à opérer.

Faites attention, il existe même des chirurgiens et des médecins qui abusent des gens et les opèrent juste pour se faire du fric. Cela revient à mutiler les patients. Quand on se sait pas, le plus honnête est de l'admettre, et au patient, aussi, d'accepter que le médecin ne sache pas. Il existe maints traumatismes, maints petits déséquilibres qui sont sources de petites ou grandes douleurs et que la médecine ne sait pas soigner ou expliquer.

J'ai observé il y a quelques années un cas très grave de séquelles de traitement orthodontique. Suite à un arrachage de dents de sagesse, la personne a commencé à avoir mal à la nuque, puis au crâne, puis aux épaules. Les médecins ne voulaient pas admettre que la cause pouvait être le fait d'avoir touché à ses dents. Ils lui ont trouvé un petit défaut aux épaules, et l'ont opérée... Résultat : une augmentation des douleurs, qui se sont répandues et sont devenues de plus en plus fortes. Le patient avait en permanence des douleurs dans tout le corps, qui étaient les séquelles des divers traitements subis.

Lorsque le squelette est déséquilibré, cela finit par dérégler complètement le système nerveux. Le patient dans ce cas là est dans une situation dramatique. Le médecin, lui, s'en fiche en général, il admet rarement qu'il y est pour quelque chose, ou qu'il a fait une erreur. A ce stade, il ne peut rien faire pour le patient. Sur le plan chamanique, il est possible d'agir avec la Force, pour rééquilibrer petit à petit tout le corps, mais cela n'est pas facile, demande beaucoup de temps et donc de l'argent.

Il y a beaucoup à faire pour des cas plus simples, ne serait-ce que pour les maux de dos, qui sont rarement définitivement soulagés, même quand les causes sont assez minimes.

Au-delà des déplacements, j'ai appris à donner toutes sortes d'ordres à la Force. Il faut à chaque fois trouver quel est le bon ordre à donner, inventer. J'ai également pu constater qu'on pouvait utiliser cette méthode pour d'autres choses que des problèmes mécaniques, et même pour agir sur le psychologique.

<u>Travail à distance avec la Force</u>

Lorsque c'est nécessaire, ce type de travail peut être réalisé à distance. Comme il s'agit d' une forme de travail avec une action directe sur la matière, cela peut paraître étrange. De fait, pour travailler avec la force à distance, on triche à peu près de la même manière que dans les autres formes de soins. La distance est abolie à un certain niveau.

Dans les films on voit les magiciens ouvrir une porte sur l'avenir ou sur un autre lieu. Sans avoir besoin de mise en scène, on peut faire cela d'une façon simple. J'aime la vision de l'univers qui consiste à le comparer à un hologramme. En chaque point de l'hologramme, se trouvent les informations concernant tout le reste de l'image, tous les autres points qui la constituent. Mon expérience de la Vie corrobore ce point de vue sur l'univers. Peu importe la distance réelle, tout est accessible. Il suffit donc de «tricher», et de vouloir toucher quelque chose de particulier, comme le corps d'une personne, ou son dos, ou son genou.

Pour s'aider on peut utiliser une visualisation de cette personne, ou de la partie de son corps qui est en jeu. Le contact se fait naturellement avec la force qui est dans ce corps. Alors, même à distance, la connexion étant établie, on peut demander à cette force de faire ce qui doit être fait (réparer, déplacer, remettre en place, etc.). Les soins en direct sont cependant à privilégier. Ils sont plus faciles. Mais il n'est pas toujours possible de pratiquer en direct... soit parce que la personne ne peut être présente, soit parce que des soins sont nécessaires sur une longue durée (cela peut aller jusqu'à plusieurs mois).

Trouver l'ordre à donner à cette force est pour moi un élément primordial pour ce type de soin chamanique. En effet, cette énergie ne fait rien par elle-même. C'est une simple force, qui doit être dirigée. C'est pourquoi étudier la situation avec soin est toujours utile, de même que toutes les données anatomiques que l'on a. On pourrait certes dire simplement de «ramener à la normale», mais je sens bien que les effets sont différents en fonction des ordres donnés. Il est donc souhaitable de trouver l'ordre à donner le plus approprié, celui qui sera le plus efficace, le plus précis.

Cela peut être difficile à déterminer dans la mesure où ce qui ne va pas peut être aussi difficile à déterminer. Lorsque les soins sont douloureux, il est possible de donner à la force l'ordre d'anesthésier. Alors on combine généralement deux ordres tels que «anesthésie» et «répare». Cependant, de mon point de vue l'anesthésie diminue un peu l'effet du soin, qui prendra plus de temps.

Pendant que l'on pratique la séance de soin, on sent ce qui se passe, avec plus ou moins de précision. Ce qui est senti est le premier point de repère pour savoir comment agir et combien de temps. C'est ce qui permet de savoir qu'il se passe quelque chose, avant de constater les résultats. Les ordres donnés évoluent souvent au fil des soins, car la situation évolue, le corps de la personne change petit à petit, et il faut suivre cette évolution pour continuer le soin. On doit donc le faire en fonction de ce qu'on sent, c'est-à-dire principalement sur la base de ce que l'on sent avec ses mains ou ses doigts et parfois aussi grâce à l'intuition.

Si certaines personnes ne l'ont pas encore compris , ces soins n'ont aucun rapport avec des pratiques telles que le reiki. Il ne s'agit pas de transmettre de l'énergie, et il ne s'agit pas de la laisser faire. Par rapport à cette pratique l'énergie est différente, et elle est dirigée.

Lorsque l'on pratique ce type de soins chamaniques sur le physique, une grande concentration est nécessaire. Cela est encore plus vrai si le travail est fait à distance. Ce sont des soins fatigants, qui demandent attention, énergie et temps. Ce n'est donc pas quelque chose que l'on peut faire toute la journée. D'une façon générale, il vaut mieux que ces soins soient réservés à des cas où la médecine ne peut vraiment pas intervenir, ou à soigner des amis qui souhaitent recevoir des soins à la fois doux et efficaces.

Ce type de soins modifie le corps progressivement, les mouvements sont fins, les changements ont souvent lieu à un niveau infinitésimal, celui des cellules, des nerfs, des neurones, des chromosomes. Ce travail respecte le corps, il est sans violence. Les changements se font de la meilleure manière possible, car on peut faire tout bouger en même temps.

Cependant, lorsqu'il s'agit de modifier le squelette, on voit à l'oeil les résultats, et au bout de quelques séances, voire dès la première, on peut remarquer des différences dans la posture physique de la personne. La personne sent qu'il se passe des choses dans son corps, que ça bouge, que ça change, et constate rapidement des effets. Par exemple, une personne qui ne peut plus lever le bras suite à un accident, peut à chaque séance, le lever un peu plus haut, jusqu'à obtenir une amplitude normale.

Cette forme de soins ne concerne pas que les problèmes mécaniques (os, muscles, tendons, etc). On peut aussi agir sur les organes, et sur leur fonctionnement. Je donnerai dans la troisième partie du livre des exemples de ce qu'on peut faire avec ce type de soins. Je pense qu'il reste beaucoup à découvrir.

Il est un point que je n'ai pas encore abordé pour ce type de travail : la participation de la personne soignée. Ici, elle est minime : il faut principalement que les soins puissent être faits, de façon assez régulière jusqu'à la guérison, ou jusqu'à un état du corps qui permette à celui-ci de continuer à se réparer seul. La personne soignée a donc une chose très importante à faire : s'impliquer en venant régulièrement (assez souvent) en consultation, ou en permettant les soins à distance, ce qui signifie aussi payer le prix de mon temps.

En revanche, ces soins, lorsqu'ils sont purement axés sur le physique, ne demandent pas vraiment la collaboration ou l'accord de la personne. Par exemple, il est possible de soigner un bébé qui n'a aucune conscience de ce qui est fait, à la demande de ses parents. Réparer le crâne d'un nouveau-né complètement déformé par un accouchement difficile aux forceps ne nécessite ni de lui expliquer ce qui se passe, ni même de le toucher. C'est particulièrement rassurant pour les parents : l'enfant ne subit aucune manipulation.

En ce qui concerne le nombre de séances nécessaires, cela varie énormément selon la gravité du problème et la capacité du corps à se réparer. Je vous incite à consulter la partie du livre où je donne des exemples de situations à traiter.

A notre époque, je conçois que ce type de soins apparaisse comme de la magie à beaucoup d'entre vous. Ils se montrent efficaces là où d'autres ne réussissent pas. Par exemple pour les problèmes de dos, toutes les personnes qui m'ont consultée avaient été chez des ostéopathes sans résultats durables auparavant. Cela peut aussi paraître magique de travailler sur des gènes sans aucun savoir médical, et sans toucher la personne. Mais, de mon point de vue, tout cela est totalement naturel. Il n'y a rien de magique. Cela demande la capacité à sentir, une grande concentration, et une intention puissante.

J'attire votre attention sur le fait que j'ai développé cette forme de soins énergétiques au fil du temps, parce que j'en ai eu besoin pour aider certaines personnes. J'ai reçu un enseignement pour cela. En aucun cas vous ne devez croire qu'une personne qui se dit «chamane» propose la même chose. Il n'y a pas d'enseignement chamanique standardisé, et surtout la plupart des gens qui se disent chamanes ont avant tout suivi des stages. Il ne faut pas comparer ou amalgamer tous les chamanes du monde.

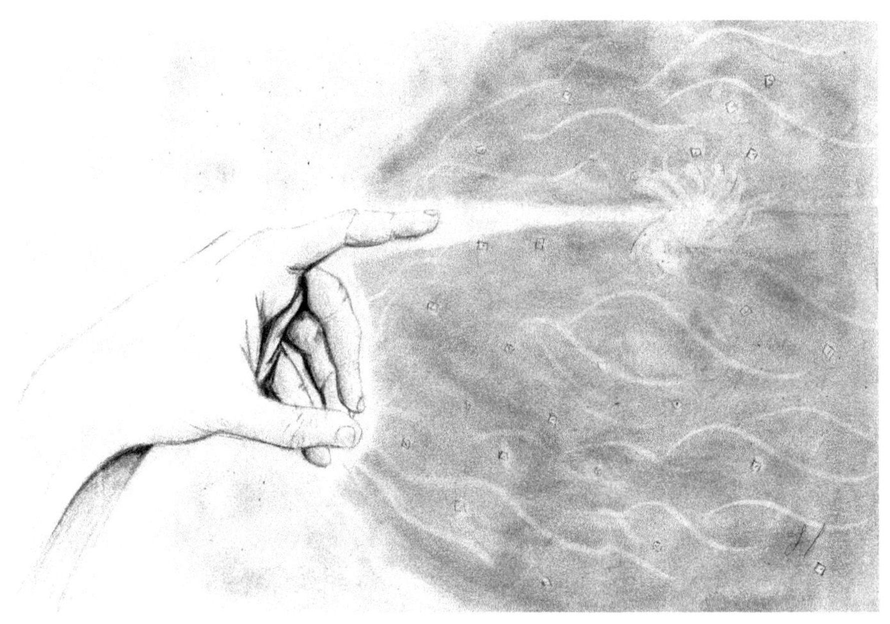

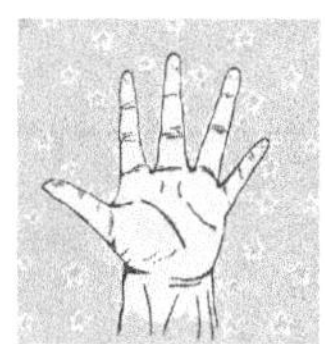

Il est possible d'utiliser l'énergie comme une prolongation de nos mains et d'agir directement sur la matière, comme avec des outils.

Dans ce travail énergétique, on peut agir au niveau infinitésimal comme au niveau global (un organe, tout le corps).

Cette forme de soins chamaniques nécessite de la maîtrise et une parfaite concentration.

Il est possible de donner à l'énergie les ordres que l'on veut. Cela peut aussi être fait à distance.

Transmettre de l'énergie

Je n'ai pas encore évoqué la pratique la plus courante au monde en matière de soins énergétiques : celle qui consiste à transmettre de l'énergie. Dans tout ce que j'ai évoqué précédemment il s'agit de transformation. Mais il est aussi possible de simplement transmettre de l'énergie.

C'est forcément une forme de soins moins efficace, car elle ne comporte aucune maîtrise, sauf si on décide quelle qualité d'énergie on veut transmettre. Par exemple, il est possible d'accumuler en soi de l'énergie, et de la charger avec une intention - telle que «soulage» ou «guéris» - avant de la transmettre. Cela revient à faire porter cette information à l'énergie.

L'énergie en elle-même n'a aucune intention ou intelligence, à moins de se placer dans un contexte religieux et de croire que c'est dieu qui l'envoie. Je ne suis pas du tout dans cette vision des choses. D'une certaine manière il y a toujours une intention, dans toute pratique énergétique, sinon il ne se passerait rien du tout. Mais l'énergie elle-même peut être «brute».

Dans la méthode de Mikao Usui (Usui Reiki Ryoho), il s'agit simplement de permettre à la personne de se mettre en phase avec la force de vie, ce qui entraine une forme d'harmonisation globale, à tous les niveaux de l'être. De mon point de vue, **le reiki n'est pas un soin**, et le reiki ne produit aucun effet prédictible.

Cette méthode n'en est pas moins une pratique utile pour travailler sur soi. C'est une méthode spirituelle avec des moyens spirituels et un but spirituel (l'état de paix totale), quand il s'agit du reiki traditionnel et non du reiki simplifié à l'occidentale, présenté comme un soin ou pire, comme une pratique de bien-être.

Il est évident que toute pratique de transmission d'énergie ne doit pas être assimilée au Reïki. Les gens ont tendance à tout mélanger. Pour savoir ce qui définit le Usui Reïki Ryoho, je vous invite à lire mon manuel de premier degré. Vous le trouverez sur Amazon. Je ne veux pas faire un cours de Reïki ici.

Sachez en tout cas, que bien que j'enseigne le Reïki, je ne l'utilise quasiment jamais en tant que soin sur le physique, car c'est loin d'être la méthode plus efficace à ce niveau.

D'une façon générale, «transmettre de l'énergie», avec ou sans maîtrise, avec ou sans ordre, est une méthode que je n'utilise que ponctuellement, mais qui peut être utile parfois, et proposée en rendez-vous individuel. C'est une pratique qui est souvent intéressante pour l'accompagnement de personnes atteintes de graves maladies, car on peut agir en douceur, sur tous les plans (émotionnel, physique, etc).

Ce genre de pratique énergétique nécessite que la personne comprenne bien que l'on ne peut pas prédire les effets, et que ces effets ne seront pas forcément agréables. Cela peut faire mal physiquement, et remuer psychologiquement. Certaines personnes demandent ces soins comme une pratique de bien-être. Parfois cela procure du bien-être, parfois au contraire, cela fait ressortir les problèmes et émotions enfouies.

Parler

Une personne qui demande de l'aide a besoin d'être écoutée. Le fait même de lui prêter une attention véritable est sans doute une condition indispensable à un mieux-être. Cela nécessite avant tout du temps, et une capacité d'attention, comme je l'ai déjà évoqué. Cependant la parole a ses limites et il faut absolument éviter que la personne laisse libre cours à son activité mentale, qui souvent l'embarquera bien loin du chemin de la guérison.

Par conséquent, il faut cadrer la parole et dans les soins chamaniques, elle n'est absolument pas centrale ou le moyen principal pour aider. Au contraire, elle peut être de trop. La parole doit être mesurée, à la fois celle du praticien et celle de la personne aidée.

Il faut savoir guider la personne en lui posant des questions quand il est nécessaire qu'elle prononce certains mots. Néanmoins les mots ne suffisent pas à guérir, ils participent simplement de la prise de conscience. Etre capable de mettre un mot sur quelque chose prouve qu'on distingue la chose avec suffisamment de précision pour pouvoir la qualifier.

D'un autre côté, la parole des personnes en souffrance est la plupart du temps comme un disque qui déraille, répétitive et consommatrice d'énergie. En général, les gens ressassent des choses sur leurs problèmes, leurs plaintes ou les choses qu'ils croient sur leurs causes. Cela est nocif. C'est une grosse perte de temps et d'énergie. Cela maintient la personne dans un cercle vicieux. Ce genre de discours doit être stoppé.

La parole du chamane doit être prudente et concise. On fait souvent plus de mal en parlant que par tout autre moyen. Il faut simplement expliquer ce qui doit l'être, parler peu mais choisir les bons mots pour éclaircir les idées de la personne. La parole sera ainsi bénéfique.

Rééquilibrage des organes

En ce qui concerne le fonctionnement du corps, il faut toujours garder à l'esprit que celui-ci est un ensemble. Tel un orchestre, il fonctionne bien, si chacune de ses parties fonctionne bien, et travaille en collaboration avec les autres parties.

De ce fait, la vision morcelée du corps par la médecine ne me semble pas adéquate. Si on consulte un spécialiste, il a rarement une vision globale du corps et j'ai le sentiment qu'on est loin encore de comprendre les échanges qui interviennent entre les différents organes, et tous les rôles joués par chacun d'entre eux.

En matière de soins énergétiques, il est possible et utile de vérifier tous les organes, et quand on pratique sur soi, de systématiquement travailler sur tous les organes principaux (viscères), ne serait ce que pour sentir ce qui s'y passe, mais aussi pour entretenir sa santé. Il faut garder à l'esprit que même si on n'est pas malade, ou si on n'a pas de problèmes ou douleurs à un endroit, cela ne veut pas dire que tout fonctionne parfaitement.

En réalité, le corps a de nombreux moyens pour maintenir la santé quand il y a un petit problème quelque part, mais cela se fait forcément au détriment de quelque chose. Certaines médecines traditionnelles, telles que la médecine chinoise tiennent compte de tout cela. Il faut donc vérifier tous les organes, et comprendre que pour soigner, il ne faut pas forcément agir à l'endroit qui fait souffrir.

Dans le cadre de soins chamaniques il est possible de tenir compte de tout : les organes, le vécu de la personne, son alimentation, etc. Vérifier les organes passe par un ressenti dans le travail énergétique mais aussi par ce qu'on peut apprendre par la personne elle-même sur les différents problèmes qu'elle a rencontrés depuis qu'elle est née. Il est nécessaire de savoir quels accidents elle a eus, quels petits bobos, ce qu'elle aime manger, toutes les maladies petites ou grandes qu'elle a connues.. Seul cet ensemble d'informations peut donner des renseignements justes sur la situation de ses organes, et comment son organisme fonctionne, par nature.

J'ai l'habitude de parler de terrain. Un praticien de médecine traditionnelle chinoise parlerait de feu, bois, eau, métal, terre ; de yang et de yin, de vide et d'excès.. En observant les gens on voit bien qu'ils sont différents : peau froide ou chaude, main molle ou ferme, forme du corps, sensibilité différente à une maladie, tendance à avoir plutôt tel type de problèmes etc. Il est nécessaire de reconnaitre le caractère unique de chaque personne, de chaque situation.

Ainsi en récoltant le maximum d'informations sur la santé de la personne, on peut, en procédant par recoupements, avoir une idée de son terrain. Cela me semble très important avant de décider de toute forme de traitement, que ce soit allopathique, par les plantes, ou des soins énergétiques.

Il n'existe pas de causes universelles aux symptômes et donc de méthode universelle pour soigner une maladie ou un ensemble de symptômes. On soigne une personne, un corps et un esprit, qui réagissent à leur façon. Si on ne tient pas compte de ça, même les médecines dites alternatives échoueront. C'est pour moi très clair en ce qui concerne l'usage des plantes médicinales.

Plantes médicinales et huiles essentielles

Une approche globale de la santé inclue toutes les formes de soins possibles, y compris, les soins conventionnels. Les plantes médicinales sont connues depuis très longtemps. Elles ont de réels effets qui ont été décrits dans de nombreux livres. Il faut les étudier soigneusement pour pouvoir conseiller les autres sur leur usage.

Certaines plantes sont cependant d'un usage facile, et d'ailleurs vendues librement, en pharmacie ou parapharmacie. Savoir quelles plantes sont bonnes pour nous, en fonction de nos faiblesses organiques, de notre terrain, permet de faire de la prévention, en évitant le développement de certaines pathologies, mais aussi d'obtenir des résultats probants sur des problèmes avérés. Cela nécessite évidemment de la prudence et de se référer à des personnes ayant étudié la question.

Les huiles essentielles sont aussi très utiles. De très nombreuses études ont été réalisées qui prouvent leur efficacité. Elles contiennent de nombreux principes actifs et sont si complexes que bactéries et virus ne peuvent pas développer une résistance à ces médicaments naturels. Il existe des livres écrits par des pharmaciens et autres spécialistes sérieux, qui permettent de soigner les bobos quotidiens et de compléter les traitements médicaux. A mon avis, il serait stupide de ne pas les utiliser. En particulier, il faut se rappeler que la médecine classique ne peut rien contre les virus, mais les huiles essentielles oui.

En utilisant les huiles essentielles bien choisies dès les premiers symptômes des maladies courantes (virus de l'hiver, par exemple), on empêche la maladie de s'installer et on peut obtenir de résultats très rapides. Attention cependant : si vous commencez à avoir le nez qui coule, vous utilisez niaouli, ou ravintsare, vous aurez des résultats en une ou deux heures, mais il ne faut jamais arrêter le traitement de suite : il faut le poursuivre quelques jours. C'est valable dans tous les cas avec les huiles essentielles.

Cependant, comme je l'énonçais au chapitre précédent, le choix des plantes que l'on utilise, est plus compliqué qu'il n'y parait. Beaucoup de personnes qui ont des problèmes de santé récurrents et non soulagés par les médicaments pourraient voir une nette amélioration de leur santé par l'usage des plantes, que ce soit en tisanes, en huiles essentielles, en gélules à avaler, le plus important étant de choisir la ou les bonnes plantes.

En matière de soins naturels comme en matière de soins classiques, la simplification règne. On vous dit par exemple que la verveine est une plante digestive ou que la valériane aide à dormir. Il existe un grand nombre de plantes qui sont digestives, et un aussi grand nombre de plantes dont on dit qu'elles sont «calmantes». Le problème c'est qu'on conseille ces plantes plus ou moins à l'aveuglette. «Tiens la valériane m'aide à dormir, tu devrais essayer». Ou bien on donne une liste de plantes, ou on les mélange dans des gélules en espérant que la somme de ces plantes « calmantes» permettra de mieux dormir.

Cependant, rien ne garantit que cette plante soit adaptée à VOTRE terrain, à VOTRE problème, qu'elle soit bonne pour VOUS ou qu'elle produise les effets escomptés sur VOUS.

Lorsque j'ai commencé à m'intéresser aux huiles essentielles et aux plantes, j'ai fait comme tout le monde, j'ai lu des livres et commencé à enregistrer les différentes propriétés des plantes, la façon dont il fallait les utiliser, les contre-indications éventuelles. C'est assez facile. Mais au bout de quelques années cela m'a semblé insuffisant. Il y a trop de choix parmi les plantes : trop de plantes qui ont des propriétés proches ou identiques, trop de plantes possibles pour un même problème si on s'en tient à leurs propriétés. De plus j'ai pu constater des choses anormales, des effets indésirables. Un exemple : la verveine , qui est un plante courante des jardins, largement consommée en tisane, peut avoir de mauvais effets si elle ne convient pas au terrain d'une personne, comme amener quelqu'un à la déprime. Pourquoi ? Parce que la façon dont elle calme n'est pas bonne pour cette personne.

Suite à cela j'ai compris qu'il fallait d'autres données pour savoir comment choisir une plante. J'ai donc commencé à faire des recoupements d'information provenant de diverses sources et à me servir systématiquement de mes ressentis concernant les organes et de toutes les informations concernant la personne, y compris celles qui ne semblaient avoir aucun rapport avec ses problèmes. J'ai pu constater qu'en usant des bonnes informations et de mon intuition chamanique, les résultats étaient vraiment meilleurs ou même qu'il y avait des résultats là où les conseils classiques des naturopathes ne donnaient rien.

Pour chaque personne il me semble qu'il peut y avoir une ou deux plantes de base, qui correspondent à son terrain, et qui pourraient pratiquement être prises en permanence. Ensuite il y a des plantes à recommander en cas de problème, de symptômes. L'usage des plantes doit être associé avec une bonne hygiène de vie, et une alimentation qui convient aussi au terrain de la personne.

Il faut refaire des bilans après un certain temps, par exemple la disparition des symptômes. L'usage de certaines plantes médicinales peut cesser rapidement.

Les soins énergétiques n'en sont pas moins utiles, mais une personne ne doit pas en devenir dépendante. Devoir aller continuellement chez un thérapeute - fusse-t-il chamane - pour rester en bonne santé n'est pas normal. Il est nécessaire de mettre en place une hygiène de vie qui permet d'éviter la maladie. L'usage des plantes médicinales en fait partie, à mon avis, tout comme l'hygiène alimentaire et l'hygiène émotionnelle.

Régulièrement il sort des méthodes «miracles» ou des soi-disant révélations concernant la santé, du style «tout vient des dents» ou «on peut tout régler par l'oreille» ou bien « tous les problèmes sont génétiques». Je suis très méfiante quand une personne croit qu'elle a trouvé le graal et pense qu'en abordant le «patient» par un seul biais, ou un seul aspect de la santé, on peut tout régler. C'est absurde.

L'être humain est complexe et il n'existe pas de recette magique pour obtenir la santé ou soigner. De la même manière il n'existe ni super aliment qui puisse suffire à vous donner la santé, ni mauvais aliment qui puisse vous l'enlever.

Soins pour les animaux

Lorsque l'on est capable de pratiquer des soins pour les humains, on l'est aussi pour les animaux. En effet, les soins chamaniques ne nécessitent aucun savoir, peu importe de ne pas connaître l'anatomie de l'animal. Si nécessaire pour des soins physiques, on peut toujours consulter internet ou des livres, afin de mieux se représenter le corps de l'animal.

Les animaux reçoivent en général des soins à distance, car c'est plus pratique. Ils peuvent être l'objet de soins sur tout le corps, sur une partie du corps, ou portant également sur le niveau psychologique. Les effets sont en général rapides. Les animaux ne sont pas aussi compliqués que les êtres humains. Soit ça peut marcher et cela marche rapidement, soit cela ne marchera jamais. Il est fréquent d'observer de magnifiques résultats, qui défient la logique des vétérinaires (guérisons impossibles à leurs yeux).

Personnellement, cependant, j'ai rarement du temps pour ce genre de pratiques. De plus, il faut que les maîtres des animaux soient prêts à payer le même prix que pour un être humain, c'est-à-dire le temps que prennent les soins (en général une heure par jour pendant plusieurs jours).

Ce n'est pas quelque chose que je fais souvent, on peut même dire que c'est très rare. Mais cela me rend bien service pour soigner les animaux de la maison. Après avoir eu une période de très gros frais vétérinaires, je me suis dit que j'allais essayer, et ça a bien marché jusque là. Bien entendu cela ne remplace pas la chirurgie, par exemple dans le cas d'un animal renversé par une voiture, mais pour certaines maladies, infections, petites blessures, c'est parfait. En particulier les soins «antibiotiques» fonctionnent très bien. J'ai aussi obtenu un résultat spectaculaire sur mon chien atteint d'un cancer incurable. En deux mois et demi plus rien.. mais, cela n'a pas marché sur un autre... Rien n'est garanti, il faut accepter que parfois rien ne fonctionne. Dans les deux cas, les vétérinaires ne pouvaient rien pour eux.

La question est de savoir si on peut «soigner» l'environnement comme on soigne une personne.

Après avoir lu cette partie du livre, vous imaginez que je sais bien qu'on peut agir sur la matière avec l'énergie et même par des voyages chamaniques. Puisqu'on peut transformer des cellules, des gènes, pourquoi pas la composition chimique d'un liquide, par exemple ?

Certaines personnes prétendent qu'on peut dépolluer un lac ou une rivière par des prières. Je dis que c'est peut-être possible. Mais franchement, cela me semble d'emblée bien laborieux, quand je pense à l'énergie et au temps qu'il faut pour modifier un petit corps humain.

En revanche, on peut utiliser l'intuition - et donc le chamanisme - pour résoudre n'importe quel problème. C'est même à mon sens la meilleure façon de faire, la plus rapide et la plus performante, car elle prend en compte même ce qu'on ne sait pas. La raison ne permet pas toujours de trouver la meilleure solution, - ou même une solution - à une situation problématique. Dans certains cas, la logique n'est d'aucune utilité, parce que la situation n'a pas de logique.

Certes, il existe toujours une ou plusieurs causes à un effet. Mais, d'une part, de trop nombreux éléments rendent délicat l'analyse d'une situation par la raison. D'autre part, certains problèmes n'ont juste rien à voir avec la raison, ou ont des raisons que l'on ne pourra jamais percevoir.

L'intuition qui est en jeu dans la pratique chamanique est en mesure de prendre en compte même ce qu'on ne saura jamais, et ce qu'on ne comprendra jamais, en nous donnant simplement le chemin à suivre, pas à pas. Pour suivre le chemin il suffit de sentir, faire ce que l'on sent de faire, même si cela semble ne mener à rien. Et oui cela revient à avancer en aveugle, mais moi je considère que c'est surtout avancer en confiance, en se laissant porter. Et c'est très efficace. J'en ai eu encore la preuve avec un problème informatique la semaine dernière. Si j'avais essayé de le résoudre par la logique, j'y serais encore.

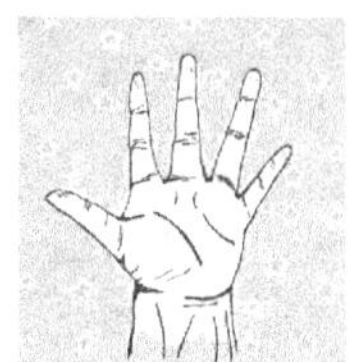

L'intuition est en mesure de prendre en compte ce qu'on ne saura jamais, et ce qu'on ne comprendra jamais, et de nous guider en nous donnant simplement le chemin à suivre, pas à pas, dans n'importe quel contexte.

Passage d'âme

Je n'avais pas l'intention au départ d'aborder ce sujet, mais il est venu sur le tapis plusieurs fois ces derniers temps dans le courrier et les stages, alors autant le faire.

L'idée du passage d'âme c'est de pouvoir accompagner les morts vers un «au-delà». Ce principe exige donc de croire en une âme qui survit au corps. Etant une personne sans religion et particulièrement méfiante vis à vis de toutes les histoires que l'on peut se raconter pour se rassurer, le sujet de l'après-vie ne m'a jamais intéressée.

Comme pour le reste, je ne veux pas en entendre parler, car parler ne mène à rien, seule l'expérience compte. Or, en matière de mort, au moment où j'aurai l'expérience je ne serai plus là pour vous la raconter... De plus je ne crois pas du tout au karma ni aux réincarnations.

Néanmoins j'ai eu, malgré ma prudence extrême, quelques expériences en rapport avec la mort et ce qu'il peut advenir des défunts.

J'ai eu deux ou trois expériences spontanées que l'on peut relier à la notion de passage d'âme. Je vais vous en raconter une, qui me semble d'autant plus intéressante qu'elle a été inattendue, hors contexte, et ne concernait pas une personne que j'avais connue de son «vivant».

Il y a fort longtemps .....

J'étais de passage dans une grande ville française, entourée d'une vingtaine de personnes que je ne connaissais pas. Nous étions réunis pour un cercle de tambours dans une salle en ville. Tout le monde allait faire un voyage chamanique, avec un sujet commun dont je ne me souviens pas, mais qui n'avait aucun rapport avec ce qui est arrivé ensuite. Alors que je jouais du tambour, j'ai senti une présence dans mon dos, très nette. Par l'esprit, comme dans un voyage chamanique, j'ai regardé ce qui était derrière moi. Il s'agissait d'un homme, de la cinquantaine, habillé avec un pantalon beige genre cargo et une chemise à carreaux dans les bleus. Le type était inconnu au bataillon. Il ne me dit rien, mais m'invita à le suivre (toujours dans ma vision). Je me retrouvai dans un appartement qui était sûrement dans le quartier, quartier que je ne connaissais pas plus que la ville elle-même. L'homme avait l'air paumé. Pourtant c'était chez lui, à l'évidence. Je compris spontanément qu'il devait être décédé. Alors je me suis dit qu'il fallait le convaincre de partir, passer à autre chose. Ce processus de compréhension spontanée de la situation et de ce qu'il faut faire est caractéristique du travail chamanique. Alors je lui ai pris la main et je me suis envolée en l'entrainant avec moi. Bien entendu nous sommes passés à travers le plafond et le reste de l'immeuble. Je l'ai emmené aussi haut que possible, puis, à un moment, deux «esprits» sont apparus et l'ont pris sous les bras pour l'emmener encore plus haut dans le ciel, et que finalement les trois êtres disparaissent.

Fin de l'histoire

J'ai eu d'autres expériences du même genre : à chaque fois il faut emmener la personne très haut, puis le relais est pris pour aller plus loin.

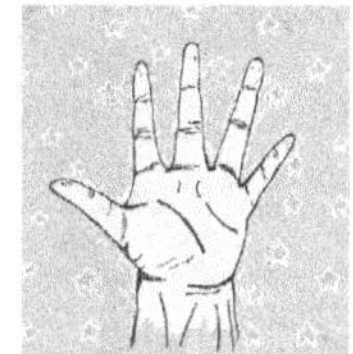

TROISIEME PARTIE : PARCOURS D' ACCOMPAGNEMENT

Est-ce agréable d'accompagner les autres ?

Dans cette partie du livre, je vais donner quelques indications sur la façon dont se passe l'accompagnement des personnes qui demandent de l'aide. Il est important de considérer également le vécu de celui qui accompagne.

Régulièrement des personnes viennent me voir avec le projet de devenir thérapeute, ou praticien de bien-être, ou coach. Très souvent, en particulier pour les deux premières catégories de personnes, elles ont dans l'idée une activité professionnelle qui apporte de la joie, du bien-être, et qui sera agréable et nourrissante pour elles-mêmes.

La plupart des gens cherchent à recevoir en donnant aux autres. Elles s'imaginent qu'être dans la position d'aider est gratifiant, que les gens vont les remercier, être satisfaits, ou soulagés. Elles souhaitent acquérir des techniques efficaces et pouvoir constater les résultats positifs de leur travail. Elles souhaitent que tout se passe dans l'harmonie, le respect, et la joie.

Tout cela est beau, mais c'est juste un idéal, et cela n'a rien à voir avec la réalité. Aider les autres est difficile et pas toujours gratifiant. C'est de mon point de vue de l'ordre du don de soi, voire d'un sacerdoce. Ce que je propose est un travail vraiment en profondeur, ce qui le rend sans doute plus difficile que du coaching traditionnel ou des séances de massage. Cependant, je pense que c'est une erreur d'idéaliser la relation d'aide d'une façon générale.

<u>Les mauvais côtés</u>

Il existe de multiples raisons qui peuvent faire qu'un accompagnement ne soit pas agréable.

- Tout d'abord, pendant les soins ou les entretiens, un chamane sent la souffrance des gens et ce n'est pas agréable. Passer son temps à plonger dans la souffrance humaine peut finir par être difficile, et même si cela n'atteint pas, ne blesse pas, du fait du travail réalisé sur soi, cela reste pénible sur le moment. Il ne sera jamais agréable de voir souffrir les autres ni de le sentir. La souffrance, mais aussi le programme des gens, qui est fondé sur des mensonges, rebutent naturellement une personne saine. De ce fait, il est nécessaire de limiter ce type d'activité, il n'est pas question de faire cela tous les jours, car maintenir l'équilibre dans sa vie est primordial.

- les gens sont extrêmement agités sur le plan mental et il faut donc supporter cette agitation permanente, cadrer les entretiens pour qu'ils puissent être efficaces et ne pas les laisser partir dans de la logorrhée verbale. Cela demande des efforts répétés, plus ou moins importants en fonction des personnes.

- En ce qui concerne les activités que je pratique, les soins, les entretiens de développement personnel (la majorité des rendez-vous individuels), l'enseignement, cela demande une attention soutenue et constante, ce qui est fatigant. Il faut mobiliser beaucoup d'énergie, c'est pourquoi vous me verrez toujours avoir chaud. Même si je récupère facilement de l'énergie, cela peut être fatigant.

- les gens vont mal et certains peuvent avoir des comportements désagréables.

- Les situations psychologiques et les attentes des gens peuvent être malsaines. En particulier de nombreuses personnes ont un comportement de victime, et sont en permanence dans une position où elles attendent d'être reconnues et où elles considèrent le reste du monde comme mauvais. Ces personnes ont difficilement un rapport sain à l'autre et encore moins à une personne qui est en position de les aider, car elles ne prennent pas la responsabilité de leur ressenti et de leur vie.

- Aucun résultat n'est garanti dans ce qu'on fait, car cela ne dépend pas de nous, mais avant tout de la personne qui demande de l'aide. Par conséquent, il vaut mieux que la satisfaction que l'on ressent ne dépende pas des résultats obtenus.

- Les gens ne sont pas forcément aptes à évaluer la qualité de ce qui est proposé ou à comprendre tout ce que cela peut apporter. Très souvent, seul un bénéfice immédiat est recherché. Des personnes peuvent même être mécontentes car en fait ce que l'on fait «marche», par exemple car elles sentent qu'elles ne contrôlent pas ce qui se passe pendant les soins. Par conséquent, il ne faut pas espérer une quelconque reconnaissance.

- Les gens qui comprennent bien ce qu'implique un travail sur soi ou même des soins, sont rares. La plupart viennent avec des demandes inadaptées, soit parce qu'elles se trompent complètement sur leurs problèmes, soit parce qu'elles ont une mauvaise image de l'aide qui peut leur être donnée. Le plus difficile n'est pas le travail en lui-même, de faire des soins ou d'aider les gens à travailler sur eux. Pour moi faire cela est simple, mais le plus délicat est de se retrouver face à des demandes inappropriées, et de faire comprendre aux gens de quoi il retourne.

Les bons côtés

Lorsque la personne vient avec une demande appropriée ou comprend rapidement ce qui est proposé, est prête à s'investir dans le travail, met en pratique les conseils, etc... cela peut être agréable. C'est particulièrement réjouissant de voir une personne changer, se débarrasser de ses peurs, apprendre à s'aimer, etc.

Pendant les rendez-vous individuels, qui je le rappelle sont principalement des entretiens, où j'enseigne, conseille, accompagne dans la pratique de l'exploration émotionnelle, aide à faire le tri, je trouve vraiment beau de voir le regard de la personne changer : en général quand elle arrive son regard est sombre, elle se sent perdue ou au moins confuse, elle a une mauvaise image d'elle-même, puis son regard s'éclaire littéralement, elle sourit, et ce changement est merveilleux.

Cela ne nécessite aucune forme de soin, seulement de prodiguer un langage de vérité et d'être capable de mettre de la clarté là où règne la confusion.

Lorsqu'une personne joue le jeu, que ce soit en stage ou en rendez-vous, elle montre une grande sincérité[18]. Quel que soit ce qu'elle partage, c'est vrai, et c'est ce qui compte. Peu importe s'il s'agit de souffrance. Cela donne de la valeur à nos échanges, car à ce moment nous sommes dans la vérité et le réel partage entre être humains. La vérité est toujours un cadeau.

---

[18] Sans cela, le travail n'est pas possible.

Je crains que de tels moments soient rares dans la vie de beaucoup de gens. D'ailleurs, si les élèves aiment mes stages et y reviennent, c'est en grande partie pour y trouver cet espace de vérité, de liberté d'être soi-même, d'amour et de solidarité. Cela est accompli grâce aux règles que j'ai imposées dès le début, et parce que je suis moi aussi dans la vérité.

On ne peut jamais se lasser de la vérité, et d'une vraie communication. Ceux qui la découvrent ont tendance à en devenir «boulimiques». Pour ma part, quand je suis avec une personne qui est sincère, même si sentir sa souffrance est dur, même si certains aspects du programme sont repoussants, je suis toujours émerveillée et reconnaissante. Je sais que c'est beaucoup plus difficile pour elle que pour moi d'être dans cette vérité. Pour moi c'est juste normal. Pour la personne qui demande de l'aide, ce n'est pas évident car ses conditionnements la poussent à cacher certaines choses, et parce qu'elle craint le jugement (le sien et celui des autres). Je suis très touchée de la confiance qu'elle manifeste car je sais à quel point ça peut être dur pour elle.

En ce qui me concerne personnellement, il est vrai aussi que pratiquer régulièrement une activité dans laquelle je suis experte est un aspect satisfaisant de ce travail. De plus, cette activité est fondée sur ma nature profonde, et correspond à des qualités et motivations intrinsèques. Elle satisfait mon intérêt naturel pour les êtres humains et leurs comportements. Avec le temps cependant, j'ai de moins en moins à découvrir en ce domaine. Je connais bien le terrain dans lequel j'évolue.

Mon activité étant principalement fondée sur ce que je suis, il me serait de toute façon difficile de cesser totalement l'enseignement, l'accompagnement, ou les soins chamaniques. La forme que cela prend peut changer et change régulièrement, mais j'imagine difficilement que cela disparaisse de ma vie. Même si ce que je fais est un vrai travail, ce n'est pas un métier, c'est quelque chose qui provient de l'expression de ma nature.

C'est aussi le fruit d'un long parcours initiatique. Cela donne un sens et une saveur particulière à ce que je fais. Quand j'enseigne, je reçois en rendez-vous, ou je pratique un soin, je suis juste moi-même, la même personne que je suis avec mon époux, mes amis, en toute circonstance. C'est le résultat de mon parcours, de mon travail sur moi. Je ne suis pas une personne qui endosse un rôle, je suis moi et j'entre en communication avec vous en tant que personne, simplement. Il ne pourrait en être autrement.

De toute façon je ne crois pas que jouer un rôle pourrait aider quelqu'un. Peut-être que cela peut marcher parfois, mais seulement de façon ponctuelle. Rien ne vaut la puissance de la vérité et de l'amour.

L'aide, l'accompagnement, les soins, chamaniques ou autres, doivent-ils être payés ?

La première question à se poser, c'est «de quoi doivent vivre les gens qui aident les autres ?» Pour ma part, je ne suis pas payée par l'état, je ne suis pas une riche héritière, donc oui je dois gagner de l'argent par mes activités. Quand une personne me demande si un rendez-vous avec moi est payant, je me dis que c'est abuser de poser la question. Dois-je faire la manche dans la rue pour pouvoir vivre, nourrir mes enfants, tout en aidant les autres gratuitement ?

Dans ma vie j'ai fait beaucoup de bénévolat, à la fois dans des associations classiques et de façon individuelle pour des soins chamaniques. Mais, si on veut devenir un expert en quelque chose, et si on le devient avec le temps, c'est parce qu'on consacre sa vie à cela. Offrir de l'aide gratuitement quand on est jeune et inexpérimenté se justifie par le manque de compétence, et souvent aussi - soyons honnête- parce qu'on n'a pas assez travaillé sur soi et qu'on a du mal à se faire payer.

Certaines personnes pratiquent le chamanisme comme un hobby et ont un bon salaire dans une autre activité. Très bien, mais là on ne parle pas de vrais chamanes, ni, de fait, de personnes qui ont beaucoup d'expérience, donc de compétence.

Une personne qui est vraiment faite pour ce genre d'activité, ou qui comme moi a été choisie et a reçu un enseignement poussé sur plus de 12 ans, n'a pas d'autres possibilités que de se faire payer, à partir d'un certain moment. En effet ce chemin initiatique qui mène à être chamane ne laisse pas la place pour une autre activité professionnelle. Pour ma part j'ai développé une méthode de développement personnel sur la base de mon expérience et je me suis mise à enseigner. Les formations et stages ont été et sont encore ma principale source de revenus, tout en étant la meilleure façon d'aider les gens.

Du côté du chamane il n'y a donc pas le choix, il faut être payé pour vivre, car non, nous ne vivons pas gratuitement, au milieu de la forêt, vêtus d'une peau de bête, et chassant notre gibier. Il faut revenir sur terre : nous avons des enfants, qui vont à l'école, nous vivons dans des logements avec des loyers à payer, et nous achetons notre nourriture, comme tout le monde. Pour cela il faut de l'argent. C'est la réalité dans notre société.

Mais du côté de la personne qui reçoit de l'aide il en va de même : il faut qu'elle paie pour l'aide reçue. Justement parce que j'ai expérimenté longuement le travail bénévole je peux dire que la plupart du temps cela présente de nombreux inconvénients et n'est pas sain.

Tout d'abord lorsque j'ai pu faire des soins chamaniques gratuitement et avec grand succès j'ai constaté que la personne aidée se sentait redevable à vie. Ce n'est pas un cadeau à lui faire.

Ensuite, le fait de donner de l'aide gratuitement peut entrainer une baisse d'implication des personnes aidées et donc diminuer au final l'efficacité de l'aide apportée. Ce n'est pas ce qu'il y a de mieux. Les gens en général sont trop peu impliqués, à notre époque. Ils sont prêts à essayer à peu près tout et n'importe quoi, tant que cela ne leur demande pas trop d'effort. Ils s'engagent peu sérieusement, pensent que consulter un thérapeute une fois de temps en temps constitue un travail sur eux (la bonne blague), ils annulent facilement les rendez-vous, et ne font rien chez eux, tout seuls, au quotidien, pour changer. Ce faisant, ils ne sont pas sur la bonne voie. Il ne faut pas les encourager dans ce sens. Lorsque les gens peuvent avoir accès à quelque chose gratuitement ils se disent «il n'y a rien à perdre», mais ils ne font rien en fait pour travailler sur eux et tout cela ne sert à rien, à part exploiter la pauvre personne qui travaille gratuitement.

Un échange est nécessaire et l'argent donné doit représenter quelque chose.

<u>Que paie-t-on ?</u>

Pour moi c'est une question essentielle et je suis heureuse d'avoir l'occasion d'éclaircir ce point.

Les gens sont habitués à payer pour obtenir des objets ou des services. Les tarifs de ces services sont mesurés de bien des manières, en particulier sur la valeur ajoutée psychologique estimée par l'acheteur.

Le prix des choses n'a rien à voir avec une valeur réelle, nous le savons bien. On paie le prix qu'on est prêt à payer, selon la valeur que l'on donne à l'objet ou au service. Cela n'a rien à voir avec la valeur réelle. Par exemple, les gens sont prêts à payer des prix élevés pour des produits cosmétiques ou des parfums qui n'ont guère de valeur du fait de leur composition ou de ce qu'ils apportent réellement. Le prix est lié à la marque, la publicité, l'image.

Les gens sont prêts à payer cher si on leur vend du rêve, de la magie, donc pour des soins magiques, voire pour qu'on leur raconte des bobards (voir le budget que certains peuvent allouer à des services de voyance). Ils sont aussi prêts à payer si cela augmente leur image de marque. Il n'y a pas de mesure raisonnable d'un prix. Une personne qui a les moyens aimera payer très cher, des services que les moins riches ne pourront pas se payer, cela n'a rien à voir avec la valeur réelle du service.

Certains veulent mesurer la valeur de ce qui est vendu, même s'il est impossible de le mesurer réellement car tout cela n'a rien d'objectif.

Comment peut-on évaluer le prix d'un soin chamanique ou même d'un rendez-vous ? C'est la question de tous les dangers. Quelle valeur a un soin ? Un rendez-vous ?

Si un soin mène à la guérison d'une maladie incurable ou sort de la souffrance psychologique une personne qui a souffert toute sa vie, alors on devrait peut-être estimer ce soin à des millions d'euros ?

Si au contraire la personne estime que le soin est inefficace, alors elle ne paiera pas ? Peut-on être objectivement certain que le soin a été inefficace ? La demande n'est elle pas inadaptée à la base ? Qui va trancher ? Peut-on envisager de faire travailler les gens gratuitement si leurs soins ne semblent pas assez efficaces ? Sans vouloir faire de mauvais humour, pas mal de médecins vont se retrouver à la rue, et ne parlons pas de l'industrie pharmaceutique, car la science elle-même affirme que la plupart des médicaments sont très peu efficaces et rendent peu de service.

Toutes ces réflexions peuvent vous sembler inutiles, cependant il est aisé de constater qu'elles sont présentes derrières pas mal d'attitudes au moment de payer un thérapeute. Le rapport à l'argent n'est pas clair pour beaucoup de gens.

De mon point de vue, la réponse à ces questions est simple : la seule chose que l'on peut faire payer c'est le temps passé à s'occuper d'une personne. Celui-ci est mesurable objectivement, et personne ne peut le discuter.

Ce qu'on paie, c'est donc le temps, avant tout.

D'une certaine façon on paie aussi pour les compétences du praticien, car il les a acquises par son travail et il nous en fait bénéficier. Mais on ne peut pas faire payer pour les résultats, même s'ils sont magnifiques, car cela n'est jamais mesurable objectivement, et parce qu'y attribuer un prix restera toujours personnel. Si une personne riche avait besoin de payer un million pour ne pas se sentir en dette, je pourrais l'accepter. Il y a toujours une marge d'évaluation personnelle pour le prix, même pour le prix du temps passé.

Mais il doit y avoir un prix fixe pour le temps, qui ne peut pas être discuté, afin que les deux parties soient traitées avec respect.

Peut-être qu'un débutant se fera moins payer qu'une personne expérimentée - du fait de son manque de compétence -, mais il ne faut pas descendre trop bas. Car quand on écoute les gens toute la journée, si on le fait bien, c'est très fatigant. De même quand on fait des soins à distance. Il ne s'agit pas juste de la demi-heure ou de l'heure de soin, il y a la préparation avant le soin, et la fatigue ensuite; la façon dont cela empiète sur notre vie privée. Le prix du temps doit tenir compte de la fatigue engendrée, de la capacité à travailler beaucoup ou peu selon le travail, des frais, charges, et du coût de la vie, bien sûr.

Mais au fond, peu importe le résultat. Je le répète, on ne peut pas faire payer pour la guérison ou la non guérison, ne serait-ce que parce qu'elle ne dépend pas entièrement de nous et parce que la valeur de la vie n'est pas mesurable.

De même, l'amour est gratuit. Quel que soit l'amour donné dans la pratique, dans les soins, l'écoute, etc, la personne ne paie jamais pour ça. C'est indépendant de la situation de paiement, car c'est inconditionnel. Le fait de payer n'amoindrit pas l'amour reçu ou donné, ni ne peut l'augmenter ou le générer. On se situe dans des domaines qui n'ont aucun rapport. On ne peut pas acheter ou vendre de l'amour. Ce qui est payé c'est uniquement le temps passé à s'occuper de la personne.

Il faut faire payer le temps passé, sur une base horaire décidée en fonction de la réalité du travail, de sa difficulté, des frais et charges sociales, et du marché. C'est ce qui me semble le plus juste pour les deux parties.

Les soins chamaniques que je pratique étant majoritairement pratiqués en stage, les gens paient leur stage, ainsi il n'est pas possible de distinguer le prix du soin du prix global du stage et de tout le reste de ce qu'il apporte. Cela contribue à rendre la pratique du soin plus saine pour toutes les personnes impliquées. Peu importe si le soin est tellement énorme qu'il change la vie de la personne définitivement : celle ci ne paie pas plus que si elle n'avait pas reçu de soin.

Une durée = un prix, quel que soit le contenu, cela me semble la politique la plus saine.

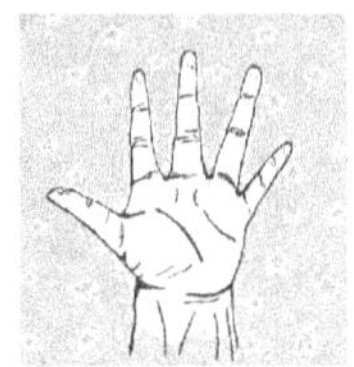

L'amour est gratuit. Il ne peut ni être acheté, ni être vendu.

Le respect de l'autre nécessite de payer pour le temps qu'il passe à s'occuper de nous, et pour les compétences dont il nous fait bénéficier, quel que soit le résultat final.

Soins chamaniques : les erreurs les plus fréquentes

Dans mes stages où on pratique des soins chamaniques, les élèves donnent et reçoivent en alternance un soin, ce qui représente une entraide saine. Cependant, ils ne sont pas à l'abri de faire des erreurs, et ils sont là avant tout pour en apprendre sur eux.

Voici une liste non exhaustive des erreurs les plus fréquentes en matière de soins chamaniques constatées en stage[19] :

- vouloir aller trop vite

- laisser la personne parler et se laisser perdre par son mental qui nous ballade

- ne pas la laisser parler, quand il est nécessaire qu'elle exprime quelque chose.

- avoir peur des émotions fortes

- reprocher à la personne allongée de faire de la résistance, alors que c'est à soi de se frayer un chemin au-delà de ces résistances.

- se focaliser sur des détails et non aller à ce qui est essentiel et profond. Par exemple, les élèves sentent souvent le mal de tête de la personne, ou une tristesse de surface et passent à côté de la cause de son mal-être, qui est moins «accessible». Alors ils risquent de passer leur temps à soigner des détails sans toucher ce qui est important. Lorsque ce qui

---

[19] Ensuite viendront les erreurs constatées hors stage.

est important est touché, alors les détails sont réglés par voie de conséquence.

• faire un voyage chamanique systématiquement, par facilité, parce qu'on n'est pas capable de faire «mieux», ou parce que faire «autre chose» fait peur.

• violenter la personne, en voulant un résultat rapide, ou un résultat particulier. Parfois il faut progresser lentement, ou même ne rien faire, laisser la personne prendre conscience, simplement.

• projeter dans ses visions et voyages : très rares sont les personnes innocentes, c'est-à-dire qui sont capables de n'avoir aucune préférence sur le résultat d'un soin. Beaucoup de personnes projettent leurs croyances, leurs histoires, leurs émotions. Cela signifie qu'elles voient ce qu'elles veulent voir ou s'attendent à voir. Cela n'apporte pas d'aide et peut même créer des problèmes. Dans un groupe c'est en général repéré car tout le monde ne partage pas les mêmes attentes et croyances.

• avoir une idée préconçue du problème, par exemple partir en voyage en disant «je vais dénouer ce noeud», plutôt qu'en restant totalement ouvert.

• avoir une idée préconçue de l'ordre dans lequel il faut faire les choses.

• être influencé par le ressenti des autres

• douter continuellement de son ressenti : c'est le fait des débutants.

• ne pas douter de son ressenti : c'est le fait des personnes qui ont des fortes croyances spirituelles, par exemple, ne doutent pas de leurs capacités, ou du chamanisme en général, ou des esprits. Attention aux personnes à qui tout cela plait trop ou répond trop à leurs espoirs secrets.

Ces erreurs pourraient être commises dans n'importe quel contexte. Ce n'est pas limité à ce qui peut se passer en stage. N'importe quelle personne qui pratique un soin peut tomber dans ces pièges. A mon sens, il y a beaucoup plus de risques d'erreurs dans un travail en individuel que dans un groupe. En effet, dans le groupe d'élèves, chacun est conscient de ses limites et les décisions sont prises de façon collective. Si une personne fait une erreur, elle est en général repérée par une autre personne.

Dans mes stages, le contexte est vraiment sécurisé et toutes les personnes qui participent sont mes élèves. Elles ont reçu un enseignement d'une personne qui a les pieds sur terre, elles ne sont pas encouragées dans des croyances spirituelles, et surtout elles sont toutes engagées dans un travail sur elles-mêmes, ce qui signifie qu'elles sont conscientes d'être responsables de ce travail et de leurs progrès.

Tout cela permet d'éviter les pires erreurs.

Ces erreurs les plus graves, sont celles que l'on rencontre un peu partout en matière de chamanisme et auxquelles vous risquez d'être confronté si vous consultez un «chamane», mais aussi toute personne qui propose une forme de soin.

<u>Les pires erreurs que font les «chamanes» et autres thérapeutes:</u>

• *Faire des promesses mirifique*s : si une personne vous promet de guérir votre maladie grave par un soin ou même plusieurs soins, alors fuyez. Aucun chamane digne de ce nom ne ferait de telles promesses, et aucun thérapeute ou soignant digne de ce nom, non plus. Cela ne veut pas dire que la guérison est forcément impossible, mais elle ne peut en aucun cas être garantie, et elle ne se fera pas en un soin. Rencontrer ce genre de thérapeute qui font des promesses et clairement n'ont pas le niveau pour aider les autres, vous perdra. Vous ressortirez de là déçu, voire désespéré, et vous n'aurez pas avancé vers la guérison. Il en va de même pour un travail psychologique. En aucun cas un soin - quelle que soit la technique employée - ne peut changer votre vie, ni ne peut remplacer votre engagement dans un travail sur vous.

• *Transmettre à la personne qui consulte ses croyances spirituelles.* Une personne qui souffre et ne sait pas pourquoi est potentiellement prête à croire n'importe quelle explication sur son problème, plutôt que de rester sans explication. Exemple : elle croira si on lui dit qu'elle paie une dette karmique (elle a fait du mal dans une autre vie), plutôt que d'accepter d'avoir une maladie incurable sans raison. En effet, pour la plupart des gens, accepter la réalité que la vie est injuste est le plus difficile.

• *Inventer un passé et des souvenirs aux gens* : dans le même genre que précédemment, on trouve toujours une raison à un problème en évoquant la possibilité d'un traumatisme dans l'enfance qui a été refoulé dans l'inconscient, par exemple un abus sexuel. C'est pratique, puisque par nature la personne qui consulte ne s'en souvient pas, elle ne peut donc pas savoir si cela est vrai ou non.

Méfiez vous : j'entends cela tellement souvent que c'est à croire que tous les bébés sont violés. La plupart du temps cela est totalement faux et si vous le croyez vous vous ajoutez des problèmes et vous êtes sur une fausse piste, sans issue.

Ces erreurs, vous les permettez en allant consulter des thérapeutes dans l'idée de trouver une cause à vos problèmes et en croyant qu'une fois cette cause trouvée, il suffira de l'effacer. Dans la réalité vos problèmes ont rarement une cause précise : ils sont le résultat d'un processus lent d'adaptation à la vie qui a été maladroit et vous a enfermé dans des conditionnements. **Il n'est pas nécessaire d'avoir vécu des choses particulières pour aller mal ou pour être malade.** Ce n'est pas si simple.

Vous devriez fuir les gens qui vous disent que vos problèmes sont dus à ci ou ça en vous citant des événements passés. Dans beaucoup de pratiques, les thérapeutes vous disent beaucoup de choses sur vous. Au début vous avez peut-être l'impression de progresser, car vous aimez qu'on vous révèle des choses sur vous[20], mais en réalité, dans le meilleur des cas, vous aurez simplement satisfait votre curiosité. Au final je parie que vous n'aurez pas vraiment changé. Pour savoir comment on change vraiment, et quels sont les principes de la transformation, je vous incite à lire mon livre «L'art de la guérison individuelle».

---

[20] si seulement on ne vous disait que des vérités......

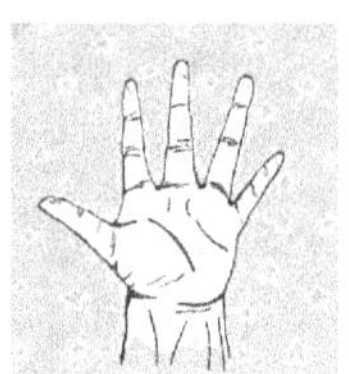

Vos problèmes n'ont généralement pas une cause précise que l'on peut débusquer et effacer par des techniques x ou y à la mode.

Vos problèmes ont généralement des causes complexes, imbriquées, et ne sont pas forcément liés à des événements précis de votre passé. Ces causes ne se trouvent pas et ne s'effacent pas par des techniques.

Les types de demande et comment y répondre

Avant de savoir quoi proposer à une personne il faut comprendre ce qu'elle demande, si c'est réalisable, et sa situation, c'est-à-dire ce dont elle aurait en réalité besoin (qui ne correspond pas forcément à sa demande).

Le problème n'est pas toujours évident à cerner, d'autant plus que la personne s'emmêle souvent dans tout ce qu'elle croit sur son problème, ce qu'on lui a raconté, l'image qu'elle a du chamanisme ou des soins.

Les demandes ont le plus souvent l'un des aspects suivants :

1. <u>Personne ressentant des blocages dans sa vie.</u>

• Personne souhaitant un soin chamanique[21] pour effacer un traumatisme ou sortir d'une situation difficile.

• Personne souhaitant travailler sur elle.

2. <u>Problème ou douleur physique :</u>

• Personne avec une douleur ou un souci de santé (parfois bizarre) qu'elle pense d'origine psychosomatique.

• Personne avec des douleurs d'origine clairement physique, par exemple séquelle d'accident.

---

[21] peut-être devrais-je dire magique

La première catégorie de demandes[22] est de loin la plus courante, mais les situations sont très diverses. La majorité des personnes pensent déjà savoir d'où leurs blocages proviennent. Certaines en ont une idée très précise, qui leur a parfois été suggérée par un thérapeute, un médium, ou un guérisseur. Très souvent, elles croient que la cause est un événement traumatique ancien. Ces personnes recherchent le plus souvent des soins pour les débarrasser de ces blocages et de leurs causes, effacer les traumatismes.

Voici un exemple typique de demande que je reçois :

«Bonjour, j'ai des difficultés relationnelles qui viennent d' un traumatisme de la petite enfance. J'ai essayé de nombreuses techniques pour en venir à bout, mais rien n'a fonctionné. J'espère que grâce à votre approche spirituelle vous serez la bonne personne pour effacer cette empreinte. C'est pourquoi je voudrais un rendez-vous pour un soin chamanique».

Beaucoup de ces demandes ne mèneront à rien, ni à un travail avec moi, ni même à un premier rendez-vous, car elles sont inadaptées et la personne n'est pas prête à l'entendre.

J'ai toujours estimé que mon rôle était de cerner les problèmes et de proposer ce qu'il y a de mieux à mon avis pour les gérer, et non de raconter des histoires aux gens.

La première chose que les «demandeurs» doivent comprendre c'est que je ne ferai rien sur la base de ce qu'une autre personne a pu dire de leurs problèmes. Mon rôle est d'avoir un regard neuf.

---

[22] blocages psychologiques

Je ne vais pas non plus agir comme la personne pense que je le dois, ni même faire ce qu'elle pense qui doit être fait. Je ne ferai que ce qui me semble devoir être fait, à moi, en fonction de ce que je sentirai et constaterai, et au moment qui me semblera approprié. La première condition pour me contacter, est d'accepter ce principe.

Il est possible qu'il faille du temps (une ou deux séances, selon la complexité des situations) pour faire un point sur ce qui ne va pas et la marche à suivre. Si une personne consulte, c'est qu'il y a un problème qui n'est pas si simple à résoudre, puisqu'en général plusieurs thérapeutes ou médecins s'y sont déjà essayé sans succès.

Il faut aussi accepter le fait que je puisse vous dire des choses que vous ne désirez pas entendre. Là encore si tout était aussi évident, et si vous aviez une perception correcte de vos problèmes, il est probable que vous les auriez déjà résolus. Déterminer correctement quel est le problème est le point essentiel pour obtenir de bons résultats et c'est souvent là que cela pêche. Si vous restez fixé sur votre façon de voir le problème ou celle qui vous a été soufflée par une autre personne, vous ne pourrez pas le régler.

Le second point est de déterminer comment agir, et il peut poser problème également.

Des soins chamaniques[23] peuvent intervenir dans tous les cas cités, mais pas n'importe quand ni n'importe comment. Les soins dont vous avez besoin ne sont peut-être pas ceux que vous imaginez. Il en va de même de l'aide qui vous sera utile.

____

[23] De types divers et variés

Dans les deux chapitres suivants je vais détailler un peu plus les parcours d'accompagnement des problèmes physiques ou psychologiques.

Les demandes concernant des problèmes physiques

Je veux aborder quelques points essentiels concernant la façon de mettre en place une aide, sur le plan concret, lorsqu'une personne vient avec un problème physique.

Dans un premier lieu il est nécessaire d'établir un contact franc, honnête et sincère avec la personne qui demande de l'aide. Il faut vérifier sa capacité à comprendre ce qui lui sera proposé et sa motivation à s'impliquer dans des soins ou un chemin de guérison dont les résultats ne peuvent en aucun cas être garantis, quelle que soit la méthode employée. Je le répète encore et encore : on ne peut rien promettre, et parfois, quels que soient les moyens employés, la guérison n'est pas possible.

La première chose est donc de présenter clairement et honnêtement les choses, sans faire ni promesses, ni prédictions et en donnant un premier aperçu des conditions de travail, de la façon dont le suivi doit être effectué et de l'implication demandée à la personne. Ensuite je pense qu'il est nécessaire de demander à la personne l'historique de ses problèmes, et s'il s'agit de problèmes physiques, de lui demander de se remémorer tous ses symptômes passés, même sans rapport avec son problème actuel. Cela n'a rien à voir avec de la curiosité. Une vue globale sur la santé de la personne peut donner des indications sur son terrain, et les causes des problèmes actuels. Il est aussi essentiel de mettre en rapport les problèmes physiques avec le vécu psychologique.

En effet, savoir si le problème est psychosomatique ou non est crucial et va orienter le travail. Il ne s'agit pas de supposer que cela l'est ou non, il faut le vérifier, par la concordance des faits, et par les ressentis énergétiques, en vérifiant le corps. Un premier rendez-vous peut-être donné pour parler de tout cela. Suite à cela, on peut généralement avoir une idée de ce qui peut être fait ou non, et si quelque chose peut être proposé. Ensuite la personne peut accepter ou refuser. Que ce soit du côté de celui qui demande ou du praticien, si la moindre hésitation existe, si on sent le moindre malaise, il faut en rester là. Il ne faut jamais se lancer dans quelque chose que l'on ne sent pas bien.

D'une façon générale, remplir toutes les conditions pour que quelque chose soit possible n'est pas évident.

Toute aide demande de rester ouvert quant à ce qui va se passer, tout en prenant une direction. Il faut essayer quelque chose, mais être apte à changer de façon de faire si de nouvelles données apparaissent. Il faut garder tout le temps à l'esprit que la personne décide et dirige sa vie, et que la façon dont elle va réagir à tout ce qui va se passer aura un impact considérable sur le cours du travail de guérison.

Lorsqu'une personne me contacte avec un problème physique, même si elle est persuadée que son problème à des causes psychologiques, je n'écarte jamais l'idée que la cause puisse être simplement physique. En général l'explication la plus simple est la meilleure.

En matière de douleurs et autres symptômes inexpliqués par les médecins ou supposément psychosomatiques, il est très courant que les causes soient en réalité simplement des anomalies physiques non détectables par les examens médicaux.

<u>Blessure, suite d'accident ou suite d'intervention</u>

On se situe dans le cas le plus simple, où les causes sont purement physiques. Suite à un accident, ou à une intervention chirurgicale, il est possible d'accélérer une guérison, ou de la finaliser quand elle n'est pas complète. Il peut s'agir de libérer une personne de séquelles reconnues ou non par la médecine. Par exemple, si une personne a du mal à bouger un membre suite à un accident et cela malgré la rééducation, il est souvent possible d'améliorer sa situation, parfois de régler le problème.

Il peut aussi s'agir de douleurs. Souvent, des personnes ont mal longtemps après un accident alors que médicalement on ne voit pas de séquelles. Généralement il y a bien encore un problème d'ordre physique. Quelque chose n'est pas tout à fait en place ou réparé. Si une personne cherche des soins chamaniques, c'est parce que même l'ostéopathie n'a pas fonctionné, du moins de façon durable. Il est possible de diriger la force qui imprègne toute chose pour réparer, ou déplacer, tendons, nerfs, muscles, os.

Note : Dans le cas de la chirurgie, lorsqu'une partie du corps a été enlevée, il ne sera jamais possible de revenir à l'état antérieur du corps.

Dans le cas simple d'un accident, le travail progresse souvent très rapidement, en quelques séances espacées de quelques jours. La personne doit faire attention pendant toute la durée des soins, à ne pas maltraiter son corps, ni consulter une personne qui le manipulerait, ni faire du sport.

Il est rare que cela soit très long, à moins que les dégâts soient vraiment importants. Même s'il n'y a pas eu d'accident ou d'intervention, la plupart des douleurs de dos, de nuque, de genou, etc entrent dans cette même catégorie de soins : des soins sur le physique réalisés en dirigeant la Force, qui peuvent agir sur toutes les parties du corps (muscles, ligaments, nerfs, os etc).

La durée d'une séance dépend de la taille de la zone à traiter, le minimum étant une heure. Le nombre de séances dépend des dégâts à réparer.

Il est assez difficile de prévoir le nombre de séances à l'avance. Les progrès sont constatés à chaque séance. Lorsque le travail ne semble plus agir, c'est soit qu'il faut changer la forme du soin (cf le chapitre concerné), soit que le soin est terminé.

Dans certains cas très délicats, avec une personne en grande souffrance physique, il n'est pas évident de voir tout de suite les effets. C'est là que l'intuition et les autres pratiques chamaniques peuvent aider à savoir ce qu'il faut faire.

Exemples de situations entrant dans la catégorie décrite : accident de sport, douleur liée au travail, séquelle d'orthodontie, séquelle d'accouchement difficile (bébé et maman), hernie discale, suite d'infarctus du myocarde, brûlure, chute ,etc.

Exemple de cas 1: Chute violente, problème au dos à la nuque, au genou, à l'épaule. Après traitements et rééducation, la personne ne peut pas lever le bras. En 4 séances de travail avec la Force, elle retrouve une mobilité complètement normale et toutes les douleurs disparaissent.

Exemple de cas 2 : douleurs cervicales et dorsales dues à de mauvaises positions prolongées au travail. Après une séance, la douleur disparait. Elle réapparait au bout d'un an. C'est un excellent répit, sachant que la cause du problème, la position au travail, n'a pas changé, et se répète au quotidien.

Exemple de cas 3 : accouchement aux forceps, le bébé a le crâne très déformé. Après le retour à la maison, soins à distance, aucun contact avec l'enfant. La maman m'envoie chaque jour les photos de face et de profil de son bébé et les changements constatés sont rapides et impressionnants. Au bout de trois jours je pense que cela suffit, mais la maman souhaite que je continue jusqu'au cinquième jour. En général il suffit d'amener le corps à un point où il peut se réparer seul. J'estimais que c'était le cas au bout de 3 jours, mais la maman a voulu que je continue jusqu'à ce que le crâne du bébé soit normal.

<u>Maladies</u>

Le même type de soins peut être pratiqué sur les organes et leur fonctionnement. Les soins avec la Force sont utiles, que les causes soient purement physiques ou psychosomatiques.

Les maladies peuvent être de tous ordres, la Force agit à tous les niveaux du corps, du chromosome aux organes entiers. Le plus délicat est de déterminer sur quoi il faut agir, et quel ordre donner à la Force. Pour cela une grande écoute de la personne est nécessaire.

Il faut commencer par faire l'anamnèse de ses problèmes de santé depuis la naissance pour connaître son terrain «physique», et déterminer par exemple quelle nourriture pourrait l'aider à se rééquilibrer, et quelle plante peut être conseillée ou déconseillée.

Parallèlement aux soins avec la Force et aux conseils concernant les plantes médicinales, des soins chamaniques classiques[24] peuvent aussi participer à la guérison de maladies dont les causes sont physiques.

Le temps nécessaire dans ce genre de cas est très variable. D'une façon générale, c'est plus compliqué que les soins sur des problèmes purement mécaniques. Il est aussi possible qu'il ne soit pas raisonnable de se lancer dans ce genre de soins, parce que cela demanderait trop de temps ou trop d'argent. Soyons clair, tout cela prendra du temps.

Je pense à une personne avec une maladie génétique, et à son traitement qui a duré 2 mois et demi, à distance. J'ai fait ce travail gratuitement, et l'ai considéré comme une expérience, car je n'avais jamais tenté cela auparavant. C'était néanmoins très prenant (des soins matin et soir pendant 2 mois et demi), et je ne le referais pas gratuitement. J'imagine que dans de tels cas, le principal problème que l'on peut rencontrer c'est le fait que la personne ne souhaite pas investir le temps nécessaire et l'argent qui en découle.

La plupart du temps, il y a aussi beaucoup à gérer concernant la psychologie de la personne, la façon dont elle gère la maladie, le bénéfice qu'elle y trouve, ce qu'elle accepte de faire, etc. Cela peut devenir compliqué.

Il y a des possibilités, mais on n'a rien sans rien. Si vous ne réunissez pas les conditions nécessaires à un bon travail, ce travail ne peut avoir lieu.

Ce qui peut être proposé concernant les maladies ne s'arrête pas aux soins avec la Force. On peut aussi envisager des soins énergétiques simples (type transmission d'énergie),

---

[24] cf chapitre de définition, il s'agit de soins qui agissent à un autre niveau que le physique, contrairement aux soins avec la Force.

un accompagnement à la pratique du voyage chamanique, qui permet à la personne d'être active dans sa démarche, c'est-à-dire une sorte d'hypnose. L'accompagnement psychologique est toujours utile, si la personne le souhaite.

Attention aux arnaques : Je vous l'ai déjà dit, une personne qui vous fait des promesses de guérison est un charlatan. Une personne qui vous demande de cesser votre traitement médical est dangereuse.

<u>Maladies graves:</u>

Dans le cas de maladies graves au traitement lourd, ce sont parfois les personnes malades qui souhaitent arrêter leur traitement. Nous savons que chaque personne a la liberté selon la loi d'accepter ou non un traitement médical, quel qu'il soit. Personnellement, je ne considère pas avoir le droit de donner un conseil en la matière. J'incite surtout les gens à chercher le plus d'informations possibles et à trouver un médecin avec qui le courant passe bien, et qui est à l'écoute. Ensuite, c'est à eux de voir, sentir, ce qu'ils veulent faire. Le médecin a son rôle et le chamane a le sien.

En tant que chamane, il y a plusieurs choses que je peux proposer pour aider une personne malade, quelle que soit la gravité de la situation. Tout d'abord, l'écoute et un accompagnement dans la compassion est essentiel et peut aller jusqu'à la fin de vie si on en arrive là. [25] Souvent la personne a besoin de parler, et aussi d'entendre certaines choses, certaines paroles de sagesse, qui vont l'aider à gérer ce qui se passe pour elle à tous les niveaux, mais aussi ses relations avec sa famille, bref, tout ce qui peut être difficile pour elle.

---

[25] J'ai été formée à l'accompagnement en soins palliatifs et aux soins spirituels aux mourants.

Ensuite, évidemment on peut proposer des soins énergétiques, pour apaiser psychologiquement, et soulager la douleur, permettre au corps de mieux supporter les traitements et renforcer leur efficacité. Les soins chamaniques dirigés sur le physique peuvent être envisagés dans certains cas. Ce n'est pas toujours évident de savoir sur quoi agir, quelle voie prendre, surtout si la maladie est avancée. Les soins chamaniques classiques et le voyage chamanique guidé sont aussi une aide. Je pense que cela fait énormément de choses à proposer et que la personne doit choisir en fonction de ce qui lui semble le mieux pour elle, de ses possibilités et de son état. Le plus important c'est qu'elle décide de tout, qu'elle soit au centre de sa vie, et qu'elle récupère du pouvoir.

<u>Maladies et douleurs psychosomatiques</u>

Il arrive très souvent que les causes d'une maladie ou d'un problème physique soient psychologiques. Il arrive aussi qu'elles se mêlent à des causes physiques. Le terrain joue, l'environnement joue, le mode de vie joue, et la psychologie encore plus. Dans ce cas, en plus des soins axés sur les causes physiques, un travail de développement personnel doit être entamé.

Même s'il n'y a pas de cause physique on s'occupera des symptômes par les soins physiques et des causes par un travail psychologique et des soins chamaniques classiques. Il n'est pas évident que l'on puisse tout de suite traiter les causes psychologiques du problème physique, car elles sont peut-être enfouies très loin, ou parce que l'être n'est pas prêt à s'en libérer.

Le travail sur soi ne se fait pas n'importe comment comme je l'ai expliqué. L'important est de prendre le chemin et d'être actif, viendra le moment où la cause du problème physique apparaitra, si cela n'est pas immédiat.

Beaucoup de symptômes bizarres et sans nom, de douleurs, de maladies auto-immunes, de désordres hormonaux, de problèmes de peau (eczéma, psoriasis etc), ont des causes autres que physiques ou pas uniquement physiques. Ce qui sera donc le plus efficace pour aider les personnes qui en souffrent relève du développement personnel au sens de travail sur soi, que cela implique des soins chamaniques ou non.

Si votre problème de santé est l'expression d'un mal-être intérieur il n'est pas d'autre solution que de s'occuper de ce mal-être. Les pommades, médicaments, aident parfois, mais ne solutionnent rien, dans de tels cas.

Quelle que soit la part physique et la part psychologique des causes de la maladie qui s'est déclarée dans votre corps, cela prendra du temps de les trouver, de les traiter, et d'améliorer les symptômes avec des soins chamaniques.

Il faut être réaliste, si vous avez une maladie auto-immune, telle qu'une SEP[26], vous ne pouvez pas envisager une amélioration ou une guérison en 2 ou 3 rendez-vous, et encore moins en un seul. Beaucoup de malades sont persuadés que les causes sont psychologiques. Cela reste à démontrer, mais ne peut être écarté. Dans tous les cas, on a généralement en face de soi une personne qui ne va pas bien, psychologiquement. La plupart des gens ayant des choses à régler, il est difficile au premier abord de savoir si cela a un lien avec la maladie.

Il va falloir étudier tous les aspects du problème, votre terrain physique, vos problèmes psychologiques, faire des soins

---

[26] Sclérose en plaques : maladie qui atteint le système nerveux.

sur le corps pour essayer d'améliorer votre état, tout en entamant un travail de développement personnel, qui, comme tout travail réel, s'inscrira probablement sur des mois (ou des années).

Si une personne vous promet de résoudre ce genre de situation en quelques séances, et je vais aller plus loin, si même elle vous promet qu'il est possible de guérir, alors fuyez, il s'agit d'un charlatan ! Beaucoup de personnes espèrent qu'un chamane va faire un petit voyage chamanique pour trouver la clé qui les sortira de la maladie. Il faut savoir que d'une part, cette clé n'existe probablement pas (il n'y a pas qu'une cause à votre situation de santé) et que d'autre part, même si elle existait elle ne serait sûrement pas accessible si facilement ou rapidement. Guérir revient à changer de direction de vie, à rétablir l'harmonie, ce n'est pas juste régler un petit bug.

En admettant que la cause principale soit psychologique, alors le fait qu'un problème psychologique s'exprime par une maladie ou une douleur montre que celui-ci a été refoulé, non-géré. Il est donc de fait, enfoui dans votre inconscient. Cela relève d'une mesure de sécurité mise en place par votre être, et il serait dangereux de chercher à le conscientiser brutalement.

Ce genre de travail doit être mené par un expert, sans aucune violence et progressivement. Le point de départ ne doit pas être la recherche d'une cause à la maladie, cela doit être simplement le ressenti de la personne au présent, dans sa vie. Cela nous mènera sûrement à découvrir tout ce qui ne va pas, à condition que la personne s'investisse dans ce travail, soit sincère et persévérante.

Les soins chamaniques classiques peuvent intervenir dans ce processus (travail sur soi), mais seulement quand c'est le

bon moment. Les soins chamaniques sur le physique peuvent
être débutés immédiatement.

Concernant les problèmes physiques vous voyez que le
chemin à suivre dépend vraiment des causes. La première
chose à faire étant d'essayer de dissocier causes physiques et
causes psychologiques. Des soins chamaniques de plusieurs
sortes peuvent intervenir dans tous les cas. Mais l'essentiel
reste la capacité de celui qui accompagne, non seulement à
pratiquer les soins, mais surtout à guider la personne dans sa
démarche de guérison.

Témoignage de Béatrice

Béatrice travaille avec moi depuis des années et n'est pas venue à ce travail pour régler des problèmes physiques. Le soin dont elle parle intervient dans un séminaire de guérison, un stage où chacun reçoit au moins un soin chamanique classique. Le but du soin n'était pas d'intervenir sur un problème physique. Quand on démarre un soin chamanique classique, on ne sait pas ce qui va se présenter.

Début du témoignage

J'ai envie de témoigner sur un soin que j'ai reçu et qui a été en très grande partie réalisé par Valérie, même si mon petit groupe était présent ainsi que leurs intentions.

C'était mon tour de recevoir un soin. Au moment où je m'installe au centre, je commence à me sentir mal, à être méfiante, dans le rejet de mon petit groupe. Je les repoussais... Comme ils ne savaient plus quoi faire, « comme par hasard » Valérie est venue nous voir.

Moi je continuais à me sentir mal, je commençais à paniquer...

Valérie s'est allongée sur moi, j'ai ressenti de plus en plus fort cette panique, j'étais comme un oiseau apeuré. Je me suis mise à pleurer très fort. Je sentais énormément d'énergie, comme un rouleau compresseur. Je cherchais par tous les moyens à me rassurer, je me suis sentie comme un bébé, sans mot, à juste chercher à téter son pouce, j'étais perdue. Je me raccrochais à Valérie, j'avais peur... Grâce au cadre des soins j'ai pu laisser sortir cette énergie, cette émotion, ces « trucs » qui étaient là en moi depuis je ne sais combien de temps. Mon sentiment c'est que ça venait de loin, que c'était très profond. Valérie ne s'est pas démontée comme d'habitude, elle n'a pas eu peur de mon émotion, elle a accueilli tout ça.

Puis peu à peu je me suis apaisée, calmée, la tempête s'est arrêtée. Valérie s'est redressée, le soin était terminé.

A la fin je me sentais incroyablement bien, propre, comme si un gros nettoyage avait été fait, surtout du bas ventre.

Quand Valérie m'a raconté ce qu'elle avait fait/vu elle m'a dit qu'elle m'a emmené dans son endroit et qu'elle m'a fait prendre un bain de lumière, puis que j'ai reçu beaucoup d'énergie.

Je pense que ce qui a été important à ce moment là c'est de pouvoir faire confiance à Valérie, ça m'a aidé à pouvoir traverser tout ça.

Ça faisait déjà 3 ans que je faisais mon DP avec Valérie quand j'ai eu ce soin. Je suis toujours convaincue que grâce à la méthode AGI, chaque chose arrive et se fait quand la personne est prête.

Il m'aura fallu 3 ans pour être prête à toucher à cette émotion, cette énergie, à laisser « sortir tout ça ». Pour moi, cette énergie peut aussi représenter un bout de mon passé, d'expériences vécues. Lors du soin je n'ai pas eu UN événement précis qui est remonté et que je pourrais considérer comme ce qui est la cause/l'origine de cette empreinte, je ne sais pas vraiment pourquoi j'avais ça en moi, le fait est que ça y était et que ça ne l'est plus. Hormis le fait de me sentir comme un bébé (expérience plutôt étrange quand on est adulte !) je n'ai pas cherché à interpréter/ analyser le soin.

Car le plus important pour moi ce fut le résultat ! J'ai eu la sensation, entre autre, que tout mon bassin avait été nettoyé. Jusqu'à ce soin j'avais des cystites et mycoses à répétition, et bien par la suite je n'en ai plus fait. Il se trouve également que je suis tombée enceinte pour la première fois un mois après ce soin. Pour moi ce soin est un événement très marquant et fort de mon DP (développement personnel) qui a eu des répercussions sur tous les plans de ma vie.

Fin du témoignage

Problèmes psychologiques

Une très grande partie des personnes qui souhaitent consulter un chamane, recevoir des soins chamaniques, ont des problèmes psychologiques, relationnels, des blocages, des peurs, des traumatismes psychologiques, dont elles souhaitent se libérer.

Oublions un instant le stéréotype de la personne qui m'écrit pour me demander un recouvrement d'âme ou qui souhaite un soin magique pour effacer un traumatisme supposé et essayons de voir ce qui peut raisonnablement être fait pour - ou plutôt avec - une personne qui, peut-être comme vous, souhaite solutionner certains problèmes qui lui semblent insolubles, changer, se sentir mieux.

Tout d'abord, il est évident que tout problème d'ordre psychologique va nécessiter un travail sur soi. Cela signifie se remettre en question, aller voir en soi ce qui se passe, être attentif à ce qu'on ressent, explorer les émotions, trouver des croyances limitantes, changer son point de vue sur maints sujets, se débarrasser des conditionnements et filtres...

C'est un vaste programme, qui ne pourra jamais être réalisé juste en recevant des soins, même si ce sont des soins chamaniques, et même s'ils sont réalisés par une personne compétente.

Donc, si vous voulez changer, améliorer votre vie, vous libérer de votre passé, de vos blocages, de vos peurs, vous devez penser en terme de travail sur vous - ce que j'appelle le développement personnel- et envisager un travail vraiment en profondeur, qui prendra du temps, mais qui nécessitera avant tout une grande sincérité, et de la motivation.

Ce travail correspond à ce que je propose avec ma méthode AGI[27]. Cette méthode couvre l'ensemble du parcours de développement personnel depuis les premières prises de conscience jusqu'à la libération personnelle et éventuellement l'éveil. Les soins chamaniques en font partie : toute personne qui suit régulièrement les stages AGI, recevra des soins chamaniques à un moment ou à un autre. Mais il faut comprendre que les soins ne constituent pas l'essentiel du travail. C'est une possibilité que j'offre qui est rare, de par l'efficacité et la qualité du contexte de la pratique chamanique, mais cela ne fait pas tout.

Ce qu'il vous faut avant tout comprendre, c'est qu'un soin ne changera pas votre vie si vous ne vous retroussez pas les manches. Les soins chamaniques sont utiles pour travailler sur des problèmes psychologiques, mais ce qui l'est encore plus c'est d'apprendre à travailler sur ces problèmes de façon autonome, ce que vous offre AGI : un parcours de libération au cours duquel vous apprenez à vous guérir. Cette méthode, que j'ai pratiqué et enseigné longtemps avant de lui donner un nom, est en quelque sorte ce que je peux faire de mieux pour vous accompagner sur votre chemin de guérison, vers la liberté et le bonheur.

Lorsque sur ce chemin, on arrive à des moments cruciaux, à des blessures que vous ne pouvez guérir seul, alors un soin chamanique s'impose. Il est vivement conseillé que ce soin ait lieu dans un stage, c'est-à-dire une retraite ou un séminaire de guérison, dans un cadre collectif et sain. Le soin, arrivé au bon moment, permet de dépasser certaines choses. Parfois on ne sait

---

[27] Art de la Guérison Individuelle AGI®.

pas du tout ce qui sera touché ou fait pendant le soin avant de le commencer, comme le montre le témoignage de Béatrice.

Les stages sont donc la voie normale et la meilleure pour commencer à travailler sur vous et pour obtenir des résultats rapidement. C'est aussi la voie pour recevoir des soins chamaniques classiques dans un contexte sain et collectif, de la bonne façon, au bon moment... et pour participer vous aussi aux soins d'autres personnes.

Ce contexte redonne à chacun sa juste place. Mon but est de vous permettre de devenir autonomes, pas de vous impressionner avec des pouvoirs magiques.

<u>Rendez-vous individuels et stages : leurs rôles respectifs</u>

Les rendez-vous individuels sont dans l'idéal des compléments aux stages. En effet, en stage, on ne peut pas toujours consacrer suffisamment de temps à une problématique individuelle[28]. Une personne qui suit régulièrement des stages et a déjà les outils de base pour travailler sur elle, peut prendre un rendez-vous pour travailler plus précisément sur un problème, une situation qu'elle rencontre.

Pendant ces rendez-vous - qui durent au moins deux heures - je l'aide efficacement à mettre le doigt sur le fond du problème, à y voir clair, à savoir quoi faire ensuite pour effacer ce qui a été trouvé, etc. C'est une grande aide, car toute seule la personne n'arrivait pas à avancer. Elle repart chez elle en étant déjà mieux, en y voyant beaucoup plus clair, et en sachant que faire ensuite pour poursuivre son travail de transformation.

---

[28] Dans les stages, on travaille sur des situations réelles de la vie des stagiaires mais on n'a pas assez de temps pour consacrer deux heures à chaque situation, et aller autant en profondeur que dans un rendez-vous.

Ce genre de rendez-vous ne comporte pas de soin en général. Il arrive cependant, si le besoin s'en fait sentir, qu'il y ait un petit soin, une transmission d'énergie, mais ce n'est pas la règle.

Que se passe-t-il avec une personne qui souhaite prendre un rendez-vous individuel plutôt que s'inscrire à un stage ?

Il est possible de prendre un rendez-vous individuel avec moi en tout premier lieu. Un certain travail peut être réalisé en individuel. Si la personne comprend bien la règle du jeu, si elle est sincère et persévérante, le lien se crée, et on peut travailler sur ses problématiques de façon approfondie. Cela a une réelle efficacité. Bien évidemment il ne s'agit pas de se dire que l'on va prendre 3 ou 4 séances pour régler un problème[29], mais de s'inscrire dans un chemin dont on sait où il commence mais pas où il finit, avec sincérité, humilité et ouverture d'esprit. Ce bout de chemin parcouru ensemble sera sûrement fort, enrichissant, efficace, et en grande partie agréable.

Lors des rendez-vous individuels, lorsqu'une personne s'inscrit sérieusement dans la démarche, je lui enseigne l'exploration émotionnelle[30], et quelques autres outils utiles, que l'on peut mettre en pratique ensemble. C'est un avantage. Cela n'est vraiment possible que si la personne vient assez souvent (par exemple toutes les 2 semaines) et pour des rendez-vous de deux heures. En dessous de cette durée enseigner et pratiquer les outils de transformation ressemble à une course contre la montre et n'est pas satisfaisant, car on ne peut pas

---

[29] Comme c'est la mode avec l'hypnose, 3 séances pour arrêter de fumer, ou ce genre de choses.

[30] EXEM® cf mon livre l'Art de la Guérison Individuelle

prendre le temps nécessaire pour bien faire les choses. Je le dis souvent ; pour s'occuper des gens il faut du temps.

Cependant, même quand la personne vient régulièrement et suffisamment longuement, il n'est pas possible de donner tout ce qui est nécessaire dans des rendez-vous individuels : je parle de l'enseignement, et des outils. Certains outils, et une grande partie de l'enseignement, ne peuvent être donnés qu'en stage.

Les gens ont tendance à sous-estimer l'importance de l'enseignement, tant qu'ils ne l'ont pas vécu. Les outils ne sont rien sans l'enseignement d'une personne qui a parcouru le chemin. C'est ce qui différencie un travail guidé par une chamane ou une personne qui a un parcours spirituel, de simples stages ou séminaires organisés par des formateurs ou thérapeutes qui ont eux mêmes été formés en stage. Nous ne sommes pas ici en train de parler de techniques apprises et transmises, mais, bien d'enseignement spirituel, de quelque chose qui repose sur la Connaissance et non le savoir.

De plus, les stages durent de deux à 5 jours, et permettent donc de transmettre beaucoup plus que dans un rendez-vous, même de deux heures. En imaginant que ce soit possible, combien de rendez-vous faudrait-il pour transmettre la même chose qu'en un seul stage ? Sans doute déjà plusieurs mois, et à un coût très supérieur au prix du stage. Ajouté à cela, il manquerait de toute façon un ingrédient indispensable sur ce chemin : l'échange avec le groupe, le partage, la richesse et l'entraide qu'il représente.

Il faut donc bien considérer les rendez-vous individuels et les stages comme deux aspects de l'aide que je propose, qui se complètent. Les stages ne peuvent remplacer les rendez-vous, et l'inverse est également vrai.

Si vous voulez vous libérer de vos blocages, et faire un travail sur vous sérieux, vous avez donc les rendez-vous et les stages, sachant que les stages sont indispensables à un moment ou à un autre.

<u>Les soins chamaniques dans ce parcours de transformation</u>

De mon point de vue, prendre un rendez-vous pour un soin chamanique classique avec quelqu'un que je ne connais pas, et qui n'a pas acquis les bases du travail qu'on fait ensemble, me semble inapproprié, à la fois parce qu'il est probable que ce n'est pas ce dont la personne a besoin, et parce que les conditions ne sont pas bonnes pour un soin, dans la mesure où il tombe un peu comme un cheveu sur la soupe : on ne se connait pas, et il n'est pas inscrit dans une démarche plus vaste de travail avec moi.

Certes, dans le passé, j'ai reçu chez moi des personnes qui ont reçu des soins à leur premier rendez-vous, mais c'était toujours des personnes qui allaient très mal et qui n'auraient pas été capables d'assister à un stage sans avoir reçu des soins.

D'autre part, il faut préciser qu'alors je recevais ces personnes pendant des journées entières et plusieurs jours de suite. Pendant cette longue durée il se passait beaucoup de choses, et le lien s'établissait. Il n'y avait pas que des soins, on parlait beaucoup. De plus l'état de grande souffrance de la personne garantissait qu'il se passerait quelque chose de fort pendant cette durée, car la souffrance était tellement forte qu'elle allait forcément s'exprimer.

C'est très différent dans le cas d'une personne qui a l'intention de prendre un rendez-vous pour un soin, sur une durée de une ou deux heures, ou même de trois.

Actuellement je ne souhaite plus et ne peux plus[31] recevoir chez moi des gens dans des états lourds pour plusieurs jours. Les demandes de soins chamaniques que je reçois proviennent de personnes qui sont loin d'être dans des états aussi graves, même quand elles pensent le contraire.

Ce que j'essaie de dire depuis deux pages, c'est que vous devriez renoncer à l'idée de prendre un rendez-vous pour un soin chamanique comme vous prendriez un rendez-vous avec un thérapeute de la méthode x ou y, dans le but d'effacer des blocages ou autres traumatismes...[32] Ce que je propose est un travail en profondeur avec un suivi et un accompagnement sur la longueur, pour aller loin dans le changement. Sur ce chemin, il y a de la place pour des soins chamaniques à coup sûr, quand le moment est propice à cela.

En fait il s'agit juste de faire les choses de la meilleure façon, au bon moment, dans de bonnes conditions, pour le meilleur résultat !

Je rencontre des gens qui ont consulté de nombreux thérapeutes[33], tous aussi enthousiastes pour leur méthode

---

[31] Mon logement ne le permet pas.

[32] Il est possible de prendre un rendez-vous pour des soins physiques.

[33] le record est détenu par une personne qui en a consulté 52 avant de venir me voir.

«révolutionnaire-super efficace-rapide». Ils ont finalement pris beaucoup de rendez-vous à droite ou à gauche et cela leur a coûté cher. Pour quel résultat ? Ben, pas grand chose à vrai dire.

Il faut comprendre que le travail sur soi ne se fait pas en prenant quelques rendez-vous, en testant quelques méthodes.

Il faut aussi comprendre que peu de gens peuvent proposer un chemin complet, qui va vous permettre d'avancer longuement, sur la durée, et loin. Bien que la plupart des gens qui me contactent me considèrent comme une thérapeute parmi d'autres, en réalité je suis dans une autre catégorie, plus proche du guide spirituel ou du vrai chamane traditionnel, celui qui guide, conseille et surtout soigne sa communauté sur des décennies, bref, toute sa vie et tout au long de la vie des membres de sa tribu.

Je ne sais pas exactement comment mes élèves me voient, mais je pense qu'ils savent que je serai encore là demain, l'an prochain, et dans dix ans s'ils le souhaitent pour les guider, et les aider à gérer les divers aspects de leur vie.

Il est bien entendu possible de ne prendre que quelques rendez-vous avec moi, ou même un seul. Parfois, une personne repart au bout d'une heure en ayant eu la réponse à ses questions et cela lui suffit, ou bien j'ai réussi en ce temps à éclaircir suffisamment ses idées pour qu'elle puisse repartir d'un bon pied dans son activité professionnelle.

Bien entendu je peux faire un soin énergétique global en une heure. Mais pas un soin chamanique classique. Le soin énergétique va sûrement vous aider, sur le moment, favoriser la détente, vous redonner de l'énergie, vous apaiser, vous aider à avancer, et, parfois, il favorise des prises de conscience. Mais cela n'a rien à voir avec un soin chamanique où on transforme un blocage de façon volontaire.

En tant que chamane, que certains voient comme coach, thérapeute, conseiller, je peux rendre différentes sortes de services. Mais je ne fais pas n'importe quoi n'importe comment. Certaines choses peuvent aller vite, d'autres non, et finalement cela ne dépend pas de moi.

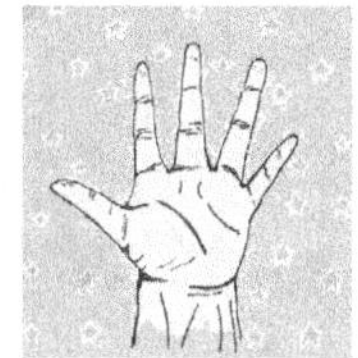

QUATRIEME PARTIE : ECOLOGIE POUR LA SANTE

Introduction

Certains lecteurs de ce livre sont peut-être concernés par des problèmes de santé, et d'autres s'intéressent à la santé de façon générale. C'est pour ces lecteurs que cette partie du livre existe. Le plus important pour la santé, physique ou mentale, c'est la prévention : maintenir une bonne santé, éviter les problèmes, quand c'est possible.

Bien entendu certaines personnes sont nées avec des maladies, et doivent faire avec. Mais pour la plupart des gens, la santé se dégrade avec le temps. Pourtant une bonne santé mentale et physique tout au long de la vie me semble possible en respectant quelques principes.

D'une façon générale, étant donné les principes évoqués précédemment, lorsque j'emploie le mot santé, j'entends une santé globale de la personne à tous les niveaux, incluant forcément santé mentale, émotionnelle et physique. Quand j'emploie le mot santé, vous devez donc penser à tout cela. Il est impossible de les dissocier.

De même la santé ne peut être envisagée que de façon globale, dans le sens qu'on ne peut se préoccuper que de ce qu'on mange ou de l'exercice qu'on fait ou de son environnement, ou de son état intérieur. La santé repose sur de multiples conditions simultanées.

Quel que soit le problème que l'on m'expose, si je ne prenais pas en compte tous les éléments qui peuvent agir sur la condition de la personne, je serais à côté de la plaque. C'est pourquoi cette partie du livre existe.

Les personnes qui n'ont pas envie de lire sur l'environnement, l'alimentation ou l'exercice physique peuvent passer directement à la conclusion du livre. Mais je leur recommande tout de même de lire les trois premiers chapitres de cette partie du livre consacrée à la santé, car ils concernent l'équilibre psychologique de la personne.

La santé est une question d'équilibre, d'harmonie. Pour maintenir la santé et être heureux, il faut être un excellent équilibriste. Je compare souvent la vie à la traversée d'un canyon sur un fil.

De nombreux éléments extérieurs peuvent mettre en danger notre équilibre et nous devons y veiller continuellement. Rien n'est jamais acquis sur ce fil de la vie. L'art de la vie, c'est de savoir gérer les éléments extérieurs en étant continuellement focalisé sur son équilibre intérieur.

Ces éléments qui mettent notre équilibre en danger sont de tous ordres : environnementaux, alimentaires, événementiels, relationnels, etc.

L'être humain, comme tout être vivant, dépend de son milieu et de ses ressources propres. C'est aussi un être social et un être hautement sensible. Sa santé dépend constamment de ses interactions avec tout ce qui compose son environnement, et de la place qu'il y occupe. Cela concerne la nature, ce qu'on respire et mange, etc.. mais ce n'est pas tout. La santé a un rapport évident avec la place de la personne dans son groupe humain.

Toutes les formes de soins chamaniques dont je parle dans ce livre, et à mon sens toute forme de soin, a pour but de ramener la personne dans une situation d'équilibre, et pour faire simple, dans une situation juste pour elle, à lui rendre sa place.

Chaque personne est un univers dont l'équilibre fragile peut être perturbé. Au final c'est à l'intérieur de nous que tout se passe, qu'il y a équilibre ou non.

Aura-t-on les ressources pour garder l'équilibre face aux perturbateurs éventuels ? Saura-t-on voir ce qui ne va pas et y remédier ? La clé principale est l'attention à cet équilibre et la conscience de devoir le préserver.

Etre le centre de sa vie

A mon sens la condition de la bonne santé est avant tout d'être à l'écoute de soi-même, de ses ressentis, de ses besoins.

Cela demande à être centré sur soi. Quoi que vous puissiez penser, le centre de votre vie, cela ne peut être que vous.

La santé est une question d'harmonie. Bien entendu de nombreux facteurs influent sur celle-ci, mais le principal reste d'être à l'écoute de soi, car cela nous permet de réagir quand un problème apparait. Cela signifie faire attention à ses ressentis, à ses émotions, à tout sentiment de mal-être, qu'il soit physique ou émotionnel ou mental.

On ne peut pas rester en bonne santé en niant ce qui se passe pour soi, que ce soit sur le plan émotionnel ou physique. Cela va créer un déséquilibre, et même si le corps résiste un certain temps, il finira par ne plus supporter cette situation.

Sur le plan physique, bien entendu, on ne peut être en bonne santé qu'en répondant à ses besoins, ce qui signifie les écouter. Par exemple, respecter son besoin de repos, son besoin d'une nourriture variée, son besoin de lumière, son besoin d'être à l'extérieur, de se confronter aux éléments. Tout cela est évident, pourtant de très nombreuses personnes ne respectent pas leurs besoins de base, en se privant par exemple de repos.

Si vous ne respectez pas vos besoins, vous n'irez pas bien, tôt ou tard. Vous ne pourrez pas échapper à cette vérité.

Cela ne vaut pas que pour les besoins du corps. En réalité, une grande partie du mal-être des gens provient du déni de leurs besoins émotionnels, affectifs, du manque d'attention à leurs ressentis.

Si vous vous sentez mal à l'aise dans votre vie, c'est que quelque chose ne va pas. Chaque fois que vous ne prêtez pas attention aux messages qui vous disent «cela ne va pas», vous mettez en danger votre santé physique et mentale.

Des signes à écouter, il y en a de nombreux. Ce sont d'abord les émotions, mais aussi les ressentis plus profonds que de nombreuses personnes négligent, et la petite voix qui dit «stop» et qu'on n'écoute pas.

Si vous ne vous sentez pas bien :

- dans votre travail

- dans une relation

- dans une situation familiale

- dans votre rythme de vie

- dans votre lieu de vie

- dans une quelconque activité

VOUS DEVEZ Y PRETER ATTENTION, et ensuite faire ce qu'il faut pour que cela change.

La chose la plus importante pour la santé, c'est de vivre une vie en accord avec ce que l'on est, qui répond à nos besoins, et qui permet à notre être de s'exprimer librement. Par voie de conséquence le plus important est d'être centré sur vous, vos ressentis et de cesser de les nier pour vous conformer à des idéaux, des attentes, ou du fait de peurs.

Lorsque vous n'écoutez pas vos ressentis, vous mettez votre santé en péril comme lorsque vous ne respectez pas les besoins de votre corps. C'est aussi important. Le corps ne peut aller bien si l'être va mal. Là encore, cela tiendra un moment, car l'être humain est résistant, puis apparaitront probablement des problèmes de santé d'ordre psychosomatique de toutes sortes, qui peuvent être très gênants (surtout qu'il n'y a pas de traitement), mais aussi des maladies.

Croire que l'on peut aller bien en ne prêtant pas attention aux signes qui nous disent qu'on est mal dans sa vie est une sacrée bévue.

La totalité des soins chamaniques finalement tentent de remédier à des erreurs passées, à des blessures qui correspondent à la négation des besoins de la personne. Lorsqu'une personne consulte, quelle qu'en soit la raison, on se rend rapidement compte qu'elle est loin d'avoir une vie qui lui convient ou de prendre soin d'elle correctement. De plus un grand nombre de ressentis ont été refoulés. Or, nier les choses ne les efface pas.

Parfois pour écouter ses besoins, et respecter ce que l'on est, il faut prendre des décisions importantes, comme quitter un emploi bien payé, se séparer d'un conjoint, ou partir loin de sa famille. Ce n'est pas forcément facile. Mais beaucoup de personnes mènent leur vie comme un train à grande vitesse qui fonce sans s'arrêter et finit par dérailler ou à se «crasher» dans le mur de la réalité.

C'est vous qui choisissez votre vie. Prenez soin de vous, écoutez vous, personne ne peut le faire à votre place.

Généralement on considère que ce sont les autres qui nous empêchent de vivre heureux : c'est le patron qui exploite, c'est le conjoint qui n'écoute pas, etc.. Mais dans la réalité, c'est vous qui acceptez cet emploi et ces conditions, c'est vous qui restez avec ce conjoint, par peur d'être seul(e), ou de souffrir, ou de ne pas subvenir à vos besoins.

L'habitude d'être à l'écoute de ses ressentis devrait être prise dès le plus jeune âge, et enseigné à l'école. Cela éviterait d'avoir des adultes qui ne savent même pas ce qu'ils ressentent. De nombreuses erreurs seraient évitées. Il est évident que les adultes qui sont mal dans leur activité professionnelle, par exemple, sont ceux qui n'ont pas su voir ou écouter leurs besoins au moment de leurs études.

C'est un exemple simple à comprendre, c'est pour cela que je le choisis. Actuellement de nombreuses personnes cherchent à se reconvertir professionnellement. De ce point de vue, la crise économique est une très bonne chose, car elle oblige les gens à se poser des questions, à se demander ce qui pourrait leur convenir. On se rend compte alors que ce travail n'a jamais été fait auparavant.

S'arrêter, se demander comment on va, ce qu'on veut pour soi, écouter ce que l'on ressent, c'est peut-être ce dont les gens ont besoin avant tout, et d'ailleurs c'est principalement ce que l'on fait avec moi en rendez-vous individuel.

Demander des soins ou en proposer n'a pas de sens si on ne replace pas la personne au centre de sa vie.

Certes rien n'est parfait en ce monde. Il n'existe pas de job parfait, de couple parfait, de vie parfaite, et il est normal de rencontrer des difficultés. Mais tout est une question d'équilibre. La santé, et le bonheur, tout simplement, sont le fruit d'un équilibre sur lequel on doit veiller en permanence car il est tout le temps susceptible d'être détruit. Or, on n'obtient pas l'équilibre uniquement en suivant des conseils de professionnels sur ce qu'on doit manger, quel sport on doit faire, etc.

Même si vous mangez bien, ne fumez pas, ne buvez pas, faites du sport et vivez dans un environnement avec très peu de pollution, vous ne pourrez pas être en bonne santé si vous niez vos ressentis. Cela se manifestera à coup sûr, un jour ou l'autre. A l'inverse une personne qui a une hygiène de vie médiocre pourrait être en bonne santé si elle s'écoute, est en paix et heureuse.   Cette personne a une énergie puissante dont bénéficie son corps et qui l'aide à rester en bonne santé.

On ne peut obtenir et maintenir un équilibre dans sa vie qu'en écoutant son coeur, son âme et son corps.

Je suis très attentive à mes besoins physiques, cependant, plus que tout, la paix intérieure me semble le facteur le plus important de bien-être et de santé.

Ce que l'on appelle couramment le développement personnel n'est pas une option, c'est une nécessité, pour tous.

Dans chaque stage, chaque rendez-vous que je propose, même si le thème de travail varie, le véritable sujet est «apprendre à vivre». Malgré tous les progrès de la science et le confort que nous avons en France, les gens ne sont pas heureux, et sont globalement ignorants des principes qui permettent de vivre bien. Le plus grave, c'est que même les professionnels sensés les aider le sont. Ils ne vont pas mieux que les autres. Cela ne s'apprend pas dans nos écoles.

Certaines choses basiques devraient être enseignées dès le plus jeune âge, par exemple la gestion des émotions. Je planche actuellement sur une version de ma méthode AGI® destinée aux enfants, aux adolescents, aux éducateurs et aux parents, afin de transmettre le plus tôt possible les bases d'un mode de vie respectueux de la personne et de ses besoins.

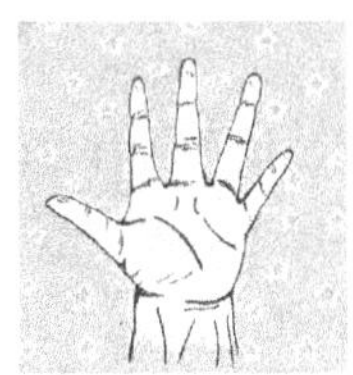

On ne peut obtenir et maintenir la santé qu'en écoutant
son coeur, son âme et son corps.

La paix intérieure et le bonheur sont essentiels à la santé
physique.

Le développement personnel n'est pas une option, c'est
une nécessité, pour tous.

Que faire des émotions ?

Tout d'abord les émotions sont des expressions. Elles devraient normalement être exprimées. Attention, exprimer ses émotions ne signifie pas dire qu'on se sent comme ci ou comme ça. Ce n'est pas dire «je suis triste», c'est pleurer et laisser «sortir» sa tristesse.

La rétention d'émotions est néfaste pour la santé. Lorsque l'on pratique des soins chamaniques on est continuellement amené à favoriser l'expression d'émotions souvent anciennes, comme si elles avaient été stockées, ou avaient cristallisé, parfois sous forme de douleurs ou autres dérangements d'ordre physique.

Lorsque vous ne pouvez pas exprimer librement une émotion, vous pouvez revenir dessus plus tard. En effet, les causes de l'émotion sont en vous et sont là en permanence. Il suffit de vous replacer dans la situation en imagination pour que l'émotion revienne. Si vous ne l'avez pas exprimée, elle attend peut-être même là, en vous, de jaillir.

L'émotion doit être accueillie, acceptée, reconnue.. et dans l'idéal, explorée pour trouver les programmations inconscientes qui en sont la véritable cause. J'ai mis au point l'exploration émotionnelle exem® que j'enseigne en stage et pratique en rendez-vous individuel dans cet objectif[34].

L'exploration émotionnelle s'apprend et n'est pas quelque chose que les gens sauront faire sans cet apprentissage avec moi, même s'ils vont voir un psy. En attendant, gardez à l'esprit

---

[34] cf mon livre «L'Art de la Guérison Individuelle AGI®»

que vos émotions ne sont ni honteuses, ni des fautes, ni des ennemies. Elles sont là pour vous indiquer que quelque chose se passe pour vous, et que vous devez en prendre conscience afin d'agir de façon adéquate.

Pour plus d'informations à ce sujet, veuillez vous référer à mon livre «l'Art de la Guérison Individuelle». Il est probable que dans l'avenir j'écrive un livre qui soit entièrement consacré aux émotions.

Un environnement le plus naturel possible

C'est évident pour moi : je suis incapable de vivre en ville, et y rester plus d'une demi-journée est une souffrance.

Je pense que les personnes qui vivent à la campagne comprennent de quoi je parle. La ville est un milieu artificiel (certes nos campagnes ne sont plus très naturelles mais c'est moins grave, hihi) qui représente un ensemble de nuisances, quasi-continuelles :

- bruits de toutes sortes, en particulier des voitures. Le calme est quasi impossible à trouver.

- pollution forte

- mauvaises odeurs

- trop de gens

- et des gens stressés, qui sont de mauvaise humeur, et vont mal

- trop de véhicules

- décors moches exposés à la vue, beaucoup de gris, de noir.

- manque de verdure, de ciel, d'oiseaux, etc

- bureaux et logements avec peu de lumière naturelle, sans voir le ciel ou un arbre qui bouge dans le vent.

L'une des choses qui m'est le plus indispensable dans la vie, est de pouvoir contempler au moins un arbre, et le ciel.

Sans cela, point de survie. Le désert n'est pas pour moi.

Au-delà de mes goûts personnels, je suis persuadée que vivre dans un environnement le plus naturel possible est important pour la santé.

Etre en contact avec les éléments, respirer un air correct à plein poumons, profiter de la lumière du soleil, poser ses pieds dans la terre et non sur le bitume, marcher tous les jours dans la nature, pouvoir porter son regard au loin sur une vue dégagée, entendre les oiseaux, les insectes, toucher des arbres, vivre la réalité du passage des saisons, pouvoir s'isoler dans le calme, être en contact direct avec des animaux, même domestiques.... Tout cela est indispensable à l'équilibre humain.

De mon point de vue, ce n'est pas juste du confort ou du plaisir. Je suis persuadée que c'est nécessaire au développement normal des enfants, et je n'aurais pas voulu élever mes enfants en ville. La ville peut avoir des avantages, mais les musées et autres activités culturelles ne remplacent pas le contact avec la nature, ni ne compensent les nuisances permanentes en zone urbaine.

Pour moi c'est juste un fait, un besoin humain, et si cela devait changer, alors c'est que l'espèce humaine aurait vraiment muté en autre chose.

Il me semble donc nécessaire de prendre en compte ce besoin de contact avec la nature, et aussi de ne pas nier les nuisances de la ville. Développer plus de vrais espaces verts en ville est une nécessité. On ne peut pas se contenter des petits parcs que l'on trouve dans la plupart des villes françaises, il faut de vrais coins de nature, sans allées goudronnées, et surtout, vastes. Ce besoin devrait aussi être pris en compte pour les détenus, car il est ahurissant que l'on prive certaines personnes pendant vingt ou trente ans du contact avec un arbre, ou de la vision de l'herbe. Il y a de quoi devenir un vrai zombie.

Pour votre équilibre mental et physique, prêtez attention à votre environnement : vous convient-il vraiment ?

Il est urgent de préserver le peu de nature et de biodiversité qui reste dans un pays comme la France, mais aussi dans le monde, de limiter la pollution et de prendre en compte l'impact de son lieu de vie et de son lieu de travail sur son bien-être (ou son mal-être). Parfois le problème de certaines personnes est aussi simple que cela : elles ne vivent pas au bon endroit ; elles souffrent de vivre en ville.

Bien entendu, le problème va plus loin, car notre environnement est très clairement pollué de maintes façons :

- pollution des voitures

- pollution des usines

- pollution due à l'agriculture du fait de l'usage de pesticides et engrais

- pollution de l'eau, principalement due à l'agriculture moderne , mais aussi, aux médicaments, aux déchets ménagers

- pollution de l'air à l'intérieur des maisons due aux enduits, plastiques, mais encore plus à tous les produits ménagers dangereux utilisés couramment

- produits cosmétiques d'usage quotidien bourrés de chimie (dentifrices, déodorants, shampooings, gels douche, crèmes, etc)

- pesticides, engrais, plastiques, et autres formes de pollution présentes dans notre nourriture

Concernant la pollution courante, tout a déjà été écrit par des gens qui connaissent bien mieux le sujet que moi.

Je voudrais juste attirer votre attention sur les formes de pollution que vous pouvez éviter facilement : celle des produits ménagers et des cosmétiques.

Je ne consomme pratiquement aucun produit ménager ou cosmétique «industriel».

Produits ménagers

On peut pratiquement tout nettoyer avec des cristaux de soude, du vinaigre d'alcool et du bicarbonate de soude, sans impact sur la nature et sur la santé. Le savon fait maison (en saponification à froid) 100 % huile de lin est le meilleur dégraissant qui soit, et détache merveilleusement aussi. On peut s'en servir pour laver la vaisselle, le sol, détacher le linge, nettoyer les pinceaux, les fraises des bricoleurs, etc.

Je trouve que les produits ménagers sont souvent épouvantables, et je ne parle même pas des désodorisants, et de tous les parfums d'intérieurs. Je ne comprends pas comment on peut respirer ça.

Lessives

Le savon fait maison 100 % huile de coco est la base de ma lessive à usage quotidien. Le savon 100 % lin est le détachant le plus efficace. Les cristaux de soude ajoutés dans le bac à lessive détachent et empêchent le calcaire de se déposer dans la machine à laver. Le vinaigre d'alcool remplace l'adoucissant du commerce à merveille.

Gels douches, shampooings

Je n'en achète aucun. Tout a été remplacé par des savons faits maison en saponification à froid ou à chaud. Tous véritablement surgras et très doux pour la peau, ils permettent aussi une grande créativité en matière de couleurs, formes et odeurs. Ils sont très économiques et faciles à fabriquer.

Cosmétiques, crèmes, démaquillant, maquillage

C'est pareil, je fais tout moi-même de la façon la plus naturelle et la plus simple qui soit. Et vous savez quoi ? Ma peau s'en porte vraiment mieux, et mon porte-monnaie également. Les produits faits maison sont plus efficaces que les produits les plus chers des grande marques, car ils sont beaucoup plus concentrés en actifs, et naturels. Je ne peux pas développer ce sujet maintenant, cela nécessitera la publication d'un livre de recettes, que j'espère avoir le temps d'écrire. Ne croyez pas que cela soit difficile, en réalité c'est un plaisir car c'est vraiment une activité qui permet d'être très créatif et de se faire plaisir avec des odeurs et textures.

Pour moi, tout cela a beaucoup de rapport avec la santé et avec le chamanisme. On peut observer comme nos concitoyens sont de plus en plus allergiques et intolérants à toutes sortes de produits et composants, même naturels. Ce n'est pas normal. Cela dénote le fait que les organismes sont à bout, saturés par les agressions de la multi-pollution.

Je ne peux clore ce chapitre sans évoquer le problème de la consommation de médicaments. La plupart des médicaments ont des effets dangereux pour la santé de l'individu et ils en ont encore plus s'ils sont combinés entre eux. On ne sait pas quels seront les effets de plus de 2 médicaments pris ensemble. Il est normal de prendre des médicaments quand on est vraiment malade mais pas pour un simple rhume. La plupart des maux quotidiens peuvent être réglés par l'usage de produits naturels pris à bon escient (cf la partie sur les plantes) et par la prévention.

Méfiez vous des médicaments sans ordonnance. Le fait qu'ils soient vendus en pharmacie ne signifie pas qu'ils ne présent pas de danger. Méfiez vous des médicaments sur ordonnance aussi, lisez bien les notices. Le fait qu'ils soient ordonnés par le médecin et remboursés ne signifie pas qu'ils sont dénués de risques. Les prescriptions sont sûrement trop nombreuses. Certaines personnes consomment une liste de médicaments impressionnante. Les industries pharmaceutiques sont puissantes, et cela représente d'énormes sommes d'argent.

J'aimerais attirer votre attention sur la consommation de somnifères, antidépresseurs et anxiolytiques. Dans notre pays, la consommation de ces produits est bien trop élevée. C'est grave.

Il est de votre responsabilité de faire attention à ce que vous ingérez, à ce que vous mettez sur votre peau, aux produits dont vous aspergez les surfaces de votre maison. Cessons de faire l'autruche, tout cela a des conséquences. Il ne faut pas négliger non plus la pollution de l'environnement par les médicaments. C'est donc une pollution interne et externe.

Ecologie alimentaire

Quand une personne me parle de ses problèmes de santé, il n'est pas possible de ne pas prêter attention à ce qu'elle mange, et à ce qu'elle ne mange pas. J'ai pu constater que malheureusement, l'éducation de la majorité des gens était assez mauvaise en matière d'alimentation, en particulier chez les jeunes.

Notre corps sait ce qu'il lui faut et se régule normalement tout seul, nous poussant à manger la quantité qui nous est nécessaire, mais aussi, les produits qui correspondent à nos besoins. Tout cela devrait être simple. Mais dans un pays comme la France, c'est-à-dire trop bien nourri, et avec un choix énorme, on peut constater que beaucoup de gens, en particulier les jeunes, ne savent pas se nourrir correctement. Si on ne les éduque pas, ils ne consomment que des pâtes, du riz, et des patates, de la viande, des produits tout prêts, des pizzas, des gâteaux, bref, pas vraiment ce qu'il faut pour être en bonne santé. C'est pourquoi il peut m'arriver de donner quelques conseils alimentaires qui relèvent avant tout du bon sens, mais qui peuvent avoir un vrai effet sur la santé des gens.

J'aborde l'alimentation comme j'aborde la question des plantes médicinales : avec quelques principes de base simples et des spécificités individuelles.

Il m'apparait évident que les principes alimentaires suivants sont bons, car je les ai expérimentés. J'ai fait beaucoup d'expériences avec la nourriture sur moi-même, j'ai lu beaucoup de livres et j'ai observé ce qui se passait chez les autres. Mon point de vue est que nous devrions suivre les principes suivants, même si je n'y arrive pas toujours, car cela représente un énorme changement des habitudes des Français.

<u>Manger de tout</u>

Une alimentation variée permet d'offrir au corps tous les nutriments, vitamines, minéraux, enzymes dont il a besoin sans devoir se casser la tête à tout calculer, ou pire, se supplémenter de façon artificielle. Après avoir été longtemps végétarienne, je suis aujourd'hui persuadée que l'être humain est bien omnivore. Il est conçu pour digérer ce qu'il peut trouver naturellement dans la nature, comme tout animal. Et cela comporte de la viande, évidemment. Le travail sur moi m'a permis d'accepter ma condition humaine et je vais vous donner mon point de vue de chamane sur la consommation de produits animaux, et la réponse que m'ont donné les esprits à ce sujet : «on n'a pas vraiment le choix».

L'être humain est un animal omnivore, et on peut constater que les personnes dans le monde qui ont des modes de vie le plus proche et le plus respectueux de la nature, ont généralement un régime alimentaire provenant de la chasse ou de la pêche. Cela ne signifie pas que la viande ou le poisson doivent constituer l'essentiel de notre nourriture. Ce n'est pas ce que je pense ni ce que j'ai expérimenté. Le régime végétarien comportant des produits laitiers et des oeufs est bon et représente une bonne base alimentaire, mais il est encore meilleur de s'autoriser un peu de chair animale. Je pense sincèrement que le meilleur régime alimentaire est un régime comportant un grand nombre de repas végétariens et quelques repas contenant de la viande ou du poisson.

J'ai malheureusement pu constater les carences provoquées par certains régimes sans produits animaux. La carence en vitamine B12, par exemple, arrive très rapidement et a de très graves conséquences, par exemple neurologiques. La seule solution sans produits animaux est de la prendre en cachet. Je ne trouve pas normal de devoir prendre des cachets juste pour se nourrir. Cela montre de fait que l'alimentation ne correspond pas aux besoins du corps. Une alimentation comportant trop de viande est mauvaise, mais une alimentation sans aucun produit animal l'est aussi, et il suffit de voir le teint vert de certains végétaliens. Tout est question d'équilibre, encore une fois. La sagesse ne s'accommode guère d'une quelconque forme d'intégrisme. Manger de la viande à tous les repas ou même tous les jours, est sans doute trop, surtout dans une société sédentaire, et où on a trop de nourriture à disposition, nourriture, qui plus est, qui provient la plupart du temps d'agriculture industrielle, ce qui a forcément un impact sur sa qualité. On ne peut nier les apports intéressants que représentent la viande ou le poisson, consommés modérément.

Privilégier les repas préparés à la maison à base d'aliments frais plutôt qu'industriels

Ce point me semble pratiquement le plus important. Eviter les produits industriels - et même tous les produits transformés - est la meilleure façon de sauvegarder sa santé actuellement. En effet, les produits transformés, et surtout industriels, contiennent systématiquement du sucre, même si ce sont des aliments salés. C'est le point le plus important et le plus néfaste pour la santé. Les aliments industriels entretiennent une addiction générale de la population au sucre. On peut ajouter que ces aliments contiennent la plupart du temps trop de sel, des conservateurs, et autres additifs chimiques qui ne sont pas bons pour nous. Ils sont également moins riches en vitamines, en fibres, etc. La logique d'un industriel est de gagner de l'argent, pas de faire le produit le meilleur pour la santé. De toute façon, les produits les meilleurs ne sont pas les produits cuisinés et en conserve, quel que soit le soin qui leur est apporté, mais les produits frais cuisinés à la maison.

<u>Ne pas abuser des glucides en général :</u>

Notre corps n'est pas fait pour assimiler tous les glucides que nous lui fournissons à notre époque sous formes de sucres et de féculents raffinés. Le régime naturel d'un être humain est composé de végétaux, viande, poisson, oeufs, herbes, racines, quelques fruits et baies. La nature fournit peu de sucres et de glucides assimilables en général. Notre consommation très excessive de glucides et en particulier de sucre est sûrement en partie la cause des maux modernes qui se répandent tels que le diabète, les problèmes cardio-vasculaires, l'obésité, les problèmes digestifs, les allergies, etc. J'ai mis longtemps à comprendre cela car j'ai été endoctrinée comme chacun de nous à l'école et à la maison, à croire qu'il fallait systématiquement manger des glucides à chaque repas et fuir les graisses plutôt que les sucres. Lorsque vous réduisez les glucides, non seulement vous vous protégez contre ces maladies, mais vous cessez d'avoir des coups de barre, des envies de sucre ou même de manger plus qu'il ne le faut. La consommation trop importante de sucre sous toutes ses formes crée une véritable addiction. Plus vous manger de sucre, plus vous avez envie de manger, plus vous avez des impulsions boulimiques. Le sucre est une drogue. Essayez de diminuer les glucides à quelques repas et vous constaterez la différence. Si vous avez très envie de sucre, vous pouvez vous dire que vous êtes concerné par l'addiction au sucre. Dans le cas contraire, vous vous sentirez bien, léger et l'esprit vif. Je sais que tout cela semble difficile pour un Français, et comme vous j'aime le pain, et tout ce qu'un Français a appris à aimer en général. Le problème c'est que l'addiction au sucre concerne à mon sens non seulement les produits sucrés, mais aussi les féculents, le pain et les pâtes, le riz, qui sont souvent consommés en trop grande quantité, comme base du repas. Pour ce qui est du pain, on ne peut pas raisonnablement en manger avec tout, y compris avec d'autres féculents (pâtes, riz, pommes de terre, etc), et espérer se sentir bien à la fin du repas. C'est abuser. Ce n'est pas que le pain ou les pâtes soient mauvais, mais tout reste une question de qualité et de quantité.

Eviter les céréales raffinées

Elles manquent de nutriments, de fibres, et ont un index glycémique élevé : manger des céréales raffinées c'est manger du sucre. Essayer de consommer des céréales complètes et de culture biologique. Elles ont meilleur goût, rassasient vraiment, limitent l'assimilation des graisses et du sucre, de par leurs fibres. Elles sont aussi très riches en minéraux (fer, magnésium, etc). Cela ne signifie pas qu'il faut les consommer en quantité énormes. Les excès de glucides se constatent aussi bien chez des personnes qui mangent n'importe comment que chez des végétariens très concernés par la qualité de la nourriture.

Aliments à éviter

Aucun aliment ne doit vraiment être interdit. Certains ont peu d'intérêts nutritionnels et ne sont pas dangereux si consommés en petite quantité, mais il vaut mieux partir du principe que les produits suivants sont à éviter et donc à supprimer de la liste de courses, car ils ne doivent en aucun cas faire partie d'une alimentation quotidienne.

- alcools

- boissons énergétiques et «énergisantes»

- boissons sucrées, sodas

- jus de fruits industriels (en particulier ceux contenant des sucres ajoutés)

- bonbons

- biscuits et pâtisseries industriels

- plats cuisinés industriels

- barres chocolatées

- céréales de petits déjeuner contenant des sucres ajoutés

- biscuits apéritifs

- chips

- viennoiserie

Si vous partez du principe que vous ne consommez pas ces aliments, vous pourrez vous autoriser et autoriser vos enfants à les consommer de façon exceptionnelle. Le drame, c'est que ces aliments fassent partie de votre consommation régulière, normale.

Beaucoup d'aliments dangereux pour votre santé à long ou moyen terme sont présentés par les industriels comme bons pour votre santé, à coup de publicité, pour vous les vendre. Pensez à la pub pour le Nutella (mélange de sucre et d'huile), pour les céréales pour enfants bourrées de sucres, pour les jus de fruits (un petit shoot de sucre au petit déjeuner ? Savez-vous que si vous êtes en hypoglycémie un tout petit peu de jus d'orange fera remonter votre taux de sucre sanguin immédiatement ?) ou pour les boissons et barres énergétiques (comme si nous allions faire une expédition au pôle nord, devoir affronter des -50 °C et avions besoin de nous bourrer d'aliments ultra-énergétiques bourrés de sucres et graisses pour survivre...). Même sans manger de sucre, vous pouvez être en pleine forme et faire du sport. Bien sûr on peut être en bonne santé en mangeant de temps en temps du Nutella, ou des croissants au petit déjeuner... Tout dépend de ce qu'on consomme à part cela. Tout est question de proportions et d'équilibre, mais lorsque vous faites une habitude de ce type d'aliments, vous êtes sur la mauvaise pente.

<u>Penser à consommer ces aliments régulièrement :</u>

• les légumineuses (lentilles, pois chiches, haricots), qui contiennent minéraux, vitamines, protéines, fibres, rassasient et coûtent peu cher. Associées aux céréales complètes et aux légumes frais, elles constituent un repas sans viande d'excellente qualité, mais elles peuvent aussi être associées à de la viande ou du poisson pour une assimilation maximale des nutriments.

• le citron : son jus peut agrémenter n'importe quel aliment et associé à l'huile d'olive il constitue une sauce de salade parfaite.

• ail : un aliment qui a tellement de merveilleuses propriétés qu'il doit être consommé régulièrement

• huile d'olive   principalement mais aussi autres huiles végétales non raffinées : le gras et le cholestérol sont nécessaires à la santé, et au bon état de nos neurones.

• manger en grandes quantités les légumes, pour leurs vitamines, enzymes, fibres, mais aussi car ils limitent l'acidification du corps. Je pense qu'il faut penser les légumes comme la base autour de laquelle se construit le repas. C'est ainsi que je conçois les miens.

• fruits frais

• salades vertes et tous les légumes à feuilles. De mon point de vue une salade verte à chaque repas serait un très bon point.

• les oléagineux tels que amandes, noisettes, qui contiennent de bonnes sources de minéraux et de graisses

• les fruits secs : des concentrés de fibres et éléments nutritifs

• les oeufs

• les épices doux tels que le curcuma

• les herbes aromatiques en particulier thym, romarin, sauge, laurier

<u>Manger en petite quantité</u>

• viande ou poisson : il ne faut pas en consommer à tous les repas, ni même tous les jours. La consommation de charcuterie doit rester limitée. La viande ne doit pas forcément constituer le coeur du menu. Elle peut être un accompagnement , comme dans les endives au jambon.

• beurre, crème, fromages, lait. Ils contiennent trop de calcium, sont souvent mal digérés, et acidifient le corps. Ils doivent être consommés en petite quantité et il vaut mieux privilégier les produits à base de lait de chèvre ou de brebis.

<u>Limiter au maximum</u>

• Le sel : cuisiner soi-même, en salant de façon raisonnable. Ne jamais mettre de salière sur la table. Plus on sale, plus on aime le sel. De nombreuses personnes salent leur nourriture sans même l'avoir goûtée.

• L'alcool : Ne pas consommer d'alcool, ou le moins possible. Ne pas consommer d'alcool fort, et ne consommer que rarement du vin, de la bière ou du cidre. Je doute toujours pour ma part de l'effet «bonne santé» du vin, je pense que l'on peut bien plus facilement mesurer les dégâts que cause une consommation d'alcool régulière. Il n'y a pas si longtemps en France, on consommait pratiquement le vin (je devrais dire pinard) comme boisson principale. Cela n'avait pas de bons effets sur la santé.... ni sur la sécurité au volant. D'autre part, même les grands vins sont bourrés de pesticides. Si c'était de l'eau, on ne permettrait pas leur commercialisation. Si vous buvez du vin, il faut donc impérativement le choisir issu de l'agriculture biologique, et en consommer peu (jamais plus d'un verre par repas, et rien entre les repas). En ce qui me concerne, même un fond de verre de vin est mauvais pour moi. Cela dépend aussi des gens.

• produits céréaliers raffinés (farine blanche, pain blanc, etc)

• sucre (n'en ajoutez ni dans le café, ni dans le thé, ni dans le yaourt, il y en a déjà bien trop partout).

• chocolat blanc, au lait, praliné : ils sont trop sucrés et gras. De ce fait, on a toujours envie d'en reprendre. Il faut consommer le chocolat à plus de 70 % de cacao. Il n'a pas du tout le même effet sur le corps. Si vous n'aimez que le chocolat au lait, veillez à vous le procurer chez un artisan chocolatier, c'est-à-dire à consommer de la qualité. Cela fait la différence.

Ne pas compter les calories

Cette histoire de calories nous entraine sur la mauvaise pente depuis les années 1970. Il convient de faire attention à la qualité de ce qu'on mange, pas à la quantité, qui doit se réguler seule. On peut même maigrir en ingurgitant 3000 kcalories par jour si les aliments sont judicieusement choisis et associés. J'ai appris cela après la naissance de ma première fille.

Les aliments ne sont pas métabolisés de la même manière, indépendamment de leur apport calorique. J'ai remarqué que certains font maigrir, et que d'autres sont une catastrophe pour mon corps, même en petite quantité. Je ne dis pas que pour être mince et en bonne santé il suffit de manger un aliment particulier. Au contraire, il faut manger une grande variété de bons aliments, bien associés, et éviter certains aliments, et certaines associations. Les régimes hypocaloriques vous affament et vous mènent à de vrais problèmes de poids. C'est une vérité maintenant reconnue par la médecine.

Jeter le pèse personne

Personnellement je trouve que les pèse-personnes devraient être abolis également. J'ai jeté le mien il y a longtemps. Sortir de la psychose du chiffre de la balance est vraiment bon pour la santé. Souciez vous de bien manger, et pas de votre poids. On peut être mince et lourd et ne pas peser beaucoup et être gras. Le muscle pèse bien plus lourd que la graisse. Un corps en bonne santé doit être assez musclé. Le muscle, bien réparti sur tout le corps, évite les blessures et douleurs, et consomme énormément de calories. Une personne musclée a un métabolisme très actif et peut se permettre de manger beaucoup plus qu'une personne du même poids qui n'est pas musclée. Il vaut mieux cesser de focaliser sur le poids, car cela finit par créer de vrais problèmes vis à vis du corps et de la nourriture, mais aussi parce que cela ne sert à rien.

Si vous respectez de bons principes alimentaires, votre corps saura s'équilibrer. Nous n'avons pas besoin de balance pour savoir si on a trop de gras ou pas, ça se voit dans le miroir et ça se sent non ? Là encore les industriels et certains médecins ont semé la psychose dans la population avec leurs pèse-personnes et leurs indices IMC (si je suivais leurs recommandations je ferais un petit 34, et pour cela je devrais devenir anorexique et perdre tous mes muscles). Le poids n'a pas d'importance, seulement le taux de graisse, l'état de santé de votre corps.

Problèmes alimentaires, anorexie, boulimie

La focalisation sur les aliments, les calories, les protides, les lipides, les glucides, le poids, peut mener à de sérieux problèmes de rapport à l'alimentation. Cela ne suffit pas pour devenir boulimique ou anorexique. En général, il existe un mal-être profond qui s'exprime de cette manière chez cette personne, mais qui pourrait s'exprimer autrement, chez une autre personne, avec une autre sensibilité, un autre vécu.

Lorsqu'une personne vit ces problèmes, il ne faut surtout pas se focaliser sur la nourriture pour l'aider. En réalité, tant qu'on se focalise sur la nourriture, on ne peut pas régler le problème car on y participe. Le problème alimentaire n'est que la façon dont s'exprime des blessures plus profondes. Ce sont ces causes qu'il faut trouver et traiter. Elles sont rarement directement liées à l'alimentation, qui est le symptôme et non la cause du problème. Parler de nourriture, en faire une obsession, maintient la personne dans son problème alimentaire.

Pour que vous compreniez mieux je vous donne un exemple. Une personne anorexique est souvent une personne qui essaie de récupérer son pouvoir en contrôlant son alimentation. Ce contrôle lui donne la sensation d'avoir le pouvoir. C'est le seul moyen qu'elle a trouvé pour cela. Dans ce cas, plus on se bat contre elle en lui parlant de «manger», plus elle résiste car elle veut garder son pouvoir. Tout le travail consiste à lui permettre de retrouver son pouvoir personnel et la sensation de l'exercer, dans sa vie, autrement que par le contrôle alimentaire. Cela doit se faire par des soins, et en attirant son attention sur la façon dont elle peut exercer son pouvoir de façon saine.

Beaucoup de pathologies d'apparence morbides sont en fait des luttes pour la vie. **L'être est entièrement dirigé par la lutte pour sa survie, mais cela ne signifie pas en priorité la survie physique : c'est aussi le sentiment d'exister.**

<u>Autres conseils de bon sens</u>

- Manger lentement : Cela permet d'apprécier la nourriture, de bien digérer, et d'être sensible aux signes de satiété.

• Ne manger que si on a faim, donc être attentif aux signaux qu'envoie le corps. Il ne faut pas se forcer à manger quand on n'a pas faim, même si cela nous oblige à sauter un sacro-saint repas.

• Ne manger que des choses qu'on aime et les déguster, donc les manger lentement et avec plaisir. (Ce conseil ne vaut que pour les personnes qui ont un minimum d'éducation alimentaire, pas pour celles qui n'aiment que les hamburgers frites)

• Eviter de manger sans faire attention, devant son ordinateur, la télé, etc.

• Eviter de manger tard le soir. Le repas du soir devrait être le plus léger, et celui de midi le plus nourrissant. Personnellement; j'aimerais prendre mon dernier repas vers 17H30-18H00, mais mon emploi du temps et ceux des autres membres de la famille ne me le permet pas. Prenez votre dîner le plus tôt possible. Abolissez toute nourriture après ce repas, en particulier devant la télé. Si vous avez vraiment faim, alors choisissez un fruit.

• Ne rien croire de ce qui est dit dans les publicités, leur seul but est de faire acheter le maximum de produits, qui ne présentent aucun intérêt réel, quand ils ne sont pas simplement mauvais pour la santé.

• Lire systématiquement les étiquettes de tout ce que l'on achète. Beaucoup de produits allégés, sans gluten, à la mode, contiennent des ingrédients qui sont plus mauvais pour vous que ce que vous cherchez à éviter.

Ces conseils sont basiques et ne sont que du bon sens. S'ils sont là c'est parce que j'ai constaté que même si on est envahi de conseils nutritionnels dans les média, beaucoup de gens ne savent toujours pas comment se nourrir et me posent des questions à ce sujet.

De plus, l'alimentation devient un vrai problème, quelque chose qui prend la tête des gens, et qui permet aussi à pas mal de monde de s'en mettre plein les poches, que ce soit avec des régimes, des livres ou des compléments alimentaires.

Pourtant nous avons une grande diversité d'aliments à notre disposition et nous ne devrions plus avoir de problèmes pour nous nourrir correctement. Au contraire, l'alimentation devient une obsession et en même temps de plus en plus de gens disent ou croient ne pas digérer correctement un certain type d'aliment. La mode du «sans gluten» en est un bon exemple.

Il ne faut pas considérer que la solution à un problème physique - même digestif - est la suppression d'un aliment. Il faut au contraire examiner les organes, le terrain de la personne. Nombre de fois j'ai pu constater qu'après deux ou trois soins énergétiques sur l'ensemble des organes digestifs, une personne qui se pensait intolérante à un ou plusieurs aliments, ne présente plus aucun problème de digestion. Il me semble que le problème est bien plus vaste. Ce n'est pas en se focalisant sur un seul aliment que l'on va régler ce genre de problème.

Les corps de nos compatriotes sont plus ou moins tous à leur limite, étant donnés la trop grande richesse de la nourriture que nous consommons, l'ignorance des principes de base d'une alimentation naturelle et l'addiction généralisée au sucre. Cependant tout le monde ne doit pas manger la même chose. Certaines personnes peuvent se permettre plus de graisses que d'autres, plus de féculents, ou plus de viande.

Chaque corps est différent et il convient de comprendre, une fois les principes de base respectés, les spécificités de son propre corps. Par exemple, pour moi les aliments épicés ou la viande rouge doivent être limités, mais pour d'autres personnes les épices et la viande rouge sont à recommander. Il serait faux de dire que la viande rouge est mauvaise, ou les épices. Cela dépend pour qui, à quelle fréquence et en quelle quantité.

Il faut aussi bien entendu tenir compte de ses conditions de vie, de la saison, et de son activité physique...Mais tout cela n'est pas si compliqué ! En réalité, si on sait écouter son corps, on sent très bien ce qui est bon pour lui ou pas. Une fois l'addiction au sucre supprimée, nous sommes attirés vers des aliments dont le corps a besoin.

Ecologie de la mobilité : Exercice physique

Bouger un minimum chaque jour est indispensable. Faut-il en dire plus ? Notre corps est fait pour bouger. L'immobilité amène à coup sûr des douleurs, tout comme les mouvements trop répétitifs. Cela ne veut pas forcément dire qu'il faut faire du sport, mais simplement marcher, s'étirer, bouger, porter des choses, etc. Nos activités modernes deviennent de plus en plus sédentaires. C'est un vrai problème. A long terme cela contribue à nous rendre malades et faibles.

Dans ce domaine comme pour les autres, il est important d'être attentif aux signes envoyés par le corps. On sent bien quand on manque d'activité physique. Chacun peut trouver une ou plusieurs solutions à son problème, en tenant compte de son mode de vie. L'important est juste de bouger un peu.

Il n'est pas forcément nécessaire de faire du sport au sens où on l'entend habituellement. Il suffit de bouger un peu, se mettre en mouvement, se lever de son canapé, ou de son bureau, et on peut le faire sans s'en rendre compte à travers des activités ludiques ou culturelles.

Il me semble important de dire également que de nombreuses personnes abiment leur corps dans les activités sportives. Le sport ne doit pas être une religion, quelque chose que l'on fait à tout prix, une drogue ou même une obligation. Beaucoup se blessent en pratiquant un sport car l'activité physique choisie est inadaptée à leur situation, leur âge, leur condition, et peut-être même tout simplement à la réalité des besoins du corps humain et de son fonctionnement.

De nombreuses activités sont violentes pour le corps. Elles doivent être évitées en particulier après 40 ans. Ces activités sont par exemple le jogging, le tennis, mais aussi certains arts martiaux, la liste est longue.

Il est aussi important de veiller à être souple et non simplement à se muscler, si on veut éviter les blessures.

De la même manière que pour l'alimentation, j'ai eu l'occasion d'expérimenter beaucoup concernant l'activité physique et le sport.

Sans pouvoir vraiment développer ici, j'aimerais vous faire part de mes constatations, qui ne vont pas forcément dans le sens des conseils donnés habituellement.

Tout d'abord, les résultats obtenus avec le sport ne sont pas directement liés à la durée de la pratique. Une séance de vingt minutes peut avoir autant d'effet qu'une séance de deux heures et même plus, en réalité. Ce point est très important. Peut-être devriez-vous relire ces phrases car je pense que cela doit avoir du mal à être entendu.

A mon sens, le sport ne doit pas être répétitif. Lorsque l'on répète toujours les mêmes exercices, on ne progresse plus, très rapidement. En général j'ai constaté que mon corps était totalement adapté à une séance d'exercices en moins de trois semaines et ne progressait plus à ce moment là à moins de modifier la séance ou plutôt de l'intensifier nettement.

Cela peut représenter une course en avant : on ne peut pas éternellement intensifier ses séances et pour maintenir sa forme, il faut alors ramer longuement tous les jours, voire de plus en plus. Toute diminution de cette activité intense et régulière entraine un retour en arrière au niveau de la forme. Comme avec les régimes, ce n'est pas une solution réaliste. Réduire ses calories pour maigrir, amène rapidement à les réduire plus encore, si on veut continuer à maigrir. Le corps s'adapte. Augmenter l'intensité de son activité physique, nous entraine également dans une fuite en avant, qui fera de nous des drogués du sport, passant leur temps dans des salles de gym, faisant énormément d'efforts pour peu de résultats. Et quand on s'arrête, attention...Il suffit de voir les silhouettes des grands sportifs qui ont arrêté la compétition.

Dans mon expérience, des séances variées même si elles ne sont pas régulières, sont plus efficaces que des séances régulières qui sont toujours les mêmes, donc. **Ce qu'il faut c'est que le corps soit «surpris» de ce qu'on lui demande de faire et doive s'adapter**. Il s'adapte assez vite, donc il faut varier les exercices proposés.

Les séances longues et répétitives sont dangereuses et entrainent des blessures. Lorsque vous courez une heure, de nombreux impacts finiront par vous causer des problèmes de genoux, de chevilles, de dos, etc. Si vous faites cela plusieurs fois par semaine, c'est risqué. Les séances courtes sont meilleures, à mon avis, et elles doivent être variées. En ne répétant pas les mêmes exercices tous les jours ou toutes les semaines, on évite de trop solliciter les articulations.

Les séances courtes sont donc très bien, mais elles devraient être assez intensives, pour que le corps ait à réagir, que le métabolisme s'active, et que de la graisse soit brûlée et que du muscle soit «fabriqué», ce qui entrainera à court terme une augmentation durable du métabolisme du fait même de la présence de ce muscle. Intensif, cela ne signifie pas que l'on doit dépasser ses limites et c'est une notion individuelle. Ce qui est intensif pour moi est peut-être de la rigolade pour une personne de 20 ans qui est très sportive.

L'important est que ce soit intensif pour vous. Cela signifie que l'on transpire, que l'on peut s'essouffler. Bien entendu cela ne peut pas durer longtemps, de fait. Mais cela n'a pas d'importance car cela déclenche la fabrication de muscle et le processus qui brûle des graisses, presque immédiatement, car le sucre dans le sang ne peux suffire pour fournir l'énergie nécessaire à l'exercice. Le métabolisme est augmenté de façon durable, pas seulement pendant l'exercice, mais pendant plusieurs heures, ou même jours.

Il faut travailler le plus possible de muscles en même temps. Cela signifie choisir des exercices qui mobilisent la plus grande partie du corps possible. C'est cela qui rend l'exercice intensif. Travailler fort un muscle, n'est pas intensif. Travailler tous les muscles en même temps, demande beaucoup au corps même si vous n'êtes pas un grand athlète et n'avez pas l'impression de courir vite, sauter haut, ou soulever beaucoup de poids.

Par exemple, en associant «squat» et haltères on peut faire des exercices qui font travailler au moins 80 % des muscles simultanément. Ce type d'exercice augmente le métabolisme non seulement pendant l'exercice mais pendant les jours qui suivent. Il représente un entrainement intensif et efficace autant pour brûler de la graisse, que pour se muscler, et pour le système cardiovasculaire, du fait même qu'un très grand nombre de muscles sont sollicités en même temps. Il me semble que des études scientifiques ont montré qu'il faut des exercices assez intenses pour maintenir la santé. Les autres exercices parmi les meilleurs sont les fentes (en associant un travail des bras), le step (la petite table / idem), les exercices de gainage, les pompes, les tractions, la corde à sauter.

Les exercices sur des muscles ou groupes de muscles isolés sont peu efficaces. Ils sont aussi risqués car en général certains muscles ne sont pas travaillés ou pas assez. Cela entraine des déséquilibres dans le corps et donc de possibles douleurs et blessures. Les exercices qui engagent tout le corps sont beaucoup plus intensifs, ont plus d'effets sur le métabolisme, et musclent le corps de façon harmonieuse. Ils sont plus efficaces en moins de temps.

Soulever du poids est l'un des meilleurs exercices pour la santé. A tout âge on peut utiliser des haltères. Il faut commencer avec de petits haltères, voire très petits.

Pour perdre du ventre ou maigrir en général, ce qui est la motivation principale des gens pour faire de l'exercice, il ne sert à rien de faire de longues séries d'abdos ou de courir des heures. Il faut augmenter son métabolisme. Cela passe par un changement de l'alimentation (principalement la réduction des glucides), mais aussi par des exercices courts, intensifs, non répétitifs.

J'ai souvent constaté que je maigrissais alors que je n'aurais pas du, par exemple alors que j'avais consommé une nourriture trop riche, fait des excès. A ces moments mon métabolisme était élevé. De par mes observations je pense qu'il était élevé pour diverses raisons : le fait d'avoir fait de l'exercice dans les jours précédents, et le fait d'avoir beaucoup d'énergie. Pour le deuxième point, cela peut être directement lié à la période (biorythme) ou à l'esprit, l'état de conscience.

L'idée que pour maigrir il faut dépenser des calories en faisant du sport pour compenser ce que l'on mange ne fonctionne pas. Je ne suis certainement pas la seule à l'avoir constaté. Encore une fois, les calories ne nous aident en rien.

Pour ne pas grossir et maigrir si on a trop de graisses, il faut avoir un métabolisme élevé. Je ne saurais expliquer le pourquoi du comment, mais certains processus naturels en nous brûlent les graisses. Il faut donc les stimuler, avec la bonne nourriture, et des exercices adaptés, c'est-à-dire, intensifs, courts, et qui changent tout le temps.

Les gadgets que l'on vend un peu partout pour faire des abdos ou maigrir ne servent à rien. Pour faire de l'exercice de façon efficace on a juste besoin de son corps, et éventuellement un tapis de sol, des chaussures de gym et une paire d'haltères. Il faut bien prendre conscience que, de la même manière que pour l'alimentation avec les régimes, le marché du fitness représente énormément d'argent. Gadgets en tous genres, tenues de sport, programmes de remises en forme, cela représente un gros marché. Bien que ces produits ou programmes ne soient pas forcément mauvais en eux-mêmes, ils ne sont pas forcément utiles. S'ils étaient vraiment efficaces à long terme, alors la question serait réglée depuis longtemps (un peu comme les régimes).

Finalement j'ai pendant longtemps regretté de ne pas être capable de me tenir à un sport de façon régulière. La routine m'insupporte et puis tout cela me semble tellement artificiel. Peut-être que c'est la même chose pour vous ? En réalité j'aurais du faire beaucoup plus confiance à mon instinct. Je constate que malgré mon profil non sportif je suis en meilleure forme que la plupart des gens, que j'ai encore du muscle, que je suis souple, que je ne grossis pas facilement et que je ne suis pas moins endurante que la majorité de mes compatriotes, au contraire. Bien sûr cela pourrait être mieux car j'ai des activités professionnelles qui m'obligent à être sédentaire. Mais j'ai compris l'essentiel maintenant et je le mettrai à profit pour mes vieux jours.

Il faut bouger, oui, en dehors des mouvements du quotidien, des séances de sport courtes suffisent, du moment que c'est un peu intensif (il faut faire des efforts), et que ce n'est pas répétitif. Finalement, la variété et l'irrégularité, seraient de bonnes choses. Je ne pense pas que passer des heures dans un gymnase soit utile. A bien y réfléchir, quand on observe les animaux, aucun n'est si actif que ça, ni ne s'astreint à des exercices répétitifs et longs. C'est une bonne nouvelle. On peut donc faire suffisamment d'exercice pour être en bonne santé, sans y investir beaucoup de temps et encore moins d'argent. Je trouve cela très encourageant, c'est pourquoi je tenais à le partager avec vous.

J'espère que ces remarques vous aideront.

Haut les coeurs ![35]

---

[35] Tous ces sujets (alimentation, exercice) font vraiment partie des soucis des personnes qui me demandent des conseils.

CONCLUSION IMPORTANTE

J'aimerais que vous vous posiez quelques instants pour faire le point sur ce que vous avez retenu de ce livre, à la première lecture. Ce n'est pas facile, car il contient beaucoup de choses, et j'imagine que vous devrez le lire plusieurs fois pour en profiter vraiment. Mais qu'est-ce qui vous a le plus marqué ? Quelles conclusions tirez-vous de tout ce que j'ai écrit ?

Je vous donne quelques secondes ou minutes pour faire le point, puis je vous donne rendez-vous de l'autre côté de cette page.

Pour les lecteurs Kindle, j'ajoute cette petite figure.

Ce livre se révèle plus long que je ne l'avais prévu au départ. Nous avons parcouru un certain chemin côte à côte, ami lecteur. J'ai souhaité donner une vision d'ensemble de la façon dont on peut - ou pourrait - prendre en charge la souffrance de nos congénères.

Vingt ans en arrière, je ne connaissais que les soins chamaniques classiques, et je faisais très souvent de longs voyages chamaniques. C'était ce que je pouvais faire de mieux pour répondre à une demande d'aide. Aujourd'hui, je fais très peu de voyages car je n'en ai plus besoin, et je pratique différentes sortes de soins, mais je passe bien plus de temps à aider les gens à travailler sur eux, c'est-à-dire à leur apprendre à réaliser l'essentiel du travail de transformation.

J'ai été amenée à me pencher sur tous les aspects des problèmes de ces personnes. C'est très intéressant d'avoir la possibilité d'accompagner les gens dans un travail qui va au fond des choses, qui touche à tous les domaines de leur vie, en les suivant sur de longues périodes. C'est très important de proposer à qui le souhaite d'entamer un chemin au cours duquel il va se libérer progressivement, naturellement et sans violence.   Sur ce chemin chacun apprend à reprendre la responsabilité de sa vie, de ses ressentis, de ses choix. C'est dans ce cadre d'accompagnement large qu'interviennent les soins chamaniques.

Ces soins sont alors des moments forts, qui arrivent à des instants clés sur le chemin des élèves. L'art de la transformation chamanique peut s'y exprimer à son sommet, dans d'excellentes conditions. Ces soins me donnent aussi l'occasion de m'impliquer totalement dans l'aide donnée, de tout mon être. Ce sont toujours des expériences non seulement transformatrices mais aussi fondatrices pour la suite du chemin de la personne. Il y a un «avant» et un «après» le soin chamanique.

La formation de formateurs et de thérapeutes AGI[36] entamée en 2015, me permet maintenant de prendre du recul sur le parcours qui est proposé, en bénéficiant du regard de personnes qui travaillent avec moi depuis très longtemps, de leurs ressentis et analyses. Tout est arrivé à maturité. D'une certaine façon, ce livre est à la fois un complément à mon premier livre sur le chamanisme et au livre qui présente ma méthode AGI®.

Il me faudra du temps pour donner un aperçu un tant soit peu réaliste de ma méthode de guérison et de tout ce que je propose. C'est le quatrième livre que j'écris, et - croyez-le ou non - c'est le tout début de mon travail d'écriture. Ces premiers livres donnent les principes généraux. J'ai près de trente programmes de stages différents à ce jour[37], et j'en crée encore de nouveaux. L'enseignement est vaste. Il n'est pas possible de le transmettre véritablement par des livres, mais j'ai de nombreux sujets à aborder dans les années à venir.

A la suite de la lecture de cet ouvrage, j'aimerais par dessus tout que vous reteniez l'espoir que représente tout ce que je viens d'exposer. Chaque être humain a la possibilité de transformer l'énergie, et donc d'agir pour soigner, effacer des empreintes, avant tout en lui, et dans un second temps chez l'autre. Bien entendu cela ne peut pas se faire n'importe

---

[36] voir mon site www.au-coeur-de-la-vie.com

[37] ce qui me permet de continuer à offrir de la nouveauté à des personnes qui sont mes élèves depuis plusieurs années.

comment. Mais chacun peut apprendre une partie de l'art chamanique. Le chamane, lui, doit être un expert en la matière.

Il ne suffit pas pour cela de savoir pratiquer le voyage chamanique, ni même d'acquérir les bases d'un travail énergétique. Cela implique de parcourir un chemin spirituel qui mène à la libération personnelle.

Pour aider une personne, quelle que soit sa situation, il faut être capable d'avoir une approche globale, qui prend en compte le corps et l'esprit, et tout ce qui a une influence sur le bien-être de cette personne.

Je vous laisse libre de juger les conséquences et les enjeux qui découlent de tout ce que j'ai expliqué dans ce livre. C'est aussi à vous de voir les conclusions que vous en tirerez pour votre propre vie, la façon de faire vos choix. Vous avez la chance d'avoir une liberté que tous n'ont pas sur cette terre.

Puissiez- vous choisir d'être heureux.

Et à bientôt, si vous le voulez bien.

Valérie Tardy

POUR FINIR

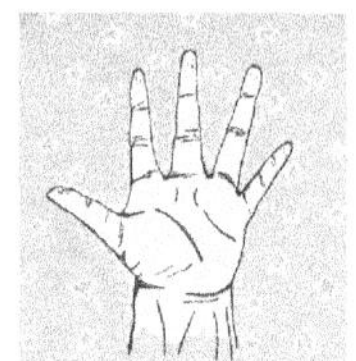

Contacter Valérie Tardy

Avant toute demande de stage ou de rendez-vous, il est essentiel de lire les sites web de Valérie :

http://www.tambourschamaniques.fr

http://www.au-coeur-de-la-vie.com

http://www.coach-toulouse-tarn.fr

http://www.lereikiguide.com

Vous pouvez envoyer un email par les formulaires de contact des sites.

Stages:

Les inscriptions aux stages et formations sont gérées et enregistrées par l'association Actée de Toulouse, qui recevra directement votre email.

En fonction du type de stage, la sélection des élèves peut se faire soit par email, soit par email et rendez-vous individuel obligatoire. Choisir «demande de stage» dans le formulaire de contact

<u>Formation de thérapeute AGI :</u>

Les futurs thérapeutes et formateurs des prochaines sessions de formation seront sélectionnés parmi les stagiaires des stages ponctuels. Ceux-ci sont donc des pré-requis avant d'entamer la formation de thérapeute. Choisir «demande de stage» dans le formulaire de contact du site.

<u>Rendez-vous individuels :</u>

Les demandes de rendez-vous sont gérées par Valérie Tardy directement et toujours par email. Les demandes de rendez-vous doivent concerner des personnes qui veulent s'engager dans un travail sur elles-mêmes de façon sincère et efficace, c'est-à-dire des personnes qui veulent changer des choses dans leur vie, se débarrasser de blocages ou souffrances, ou bien simplement y voir plus clair sur leur situation, mais qui n'attendent pas qu'une autre personne change leur vie par «magie». Il sera nécessaire de parler de soi, d'être prêt à travailler sur les émotions, et d'entrer en «collaboration» avec Valérie Tardy. Une attitude de consommateur ne fera pas l'affaire pour un tel travail.

Choisir «demande de rendez-vous» dans le formulaire de contact du site.

<u>Demandes de soins chamaniques classiques :</u>

Les demandes de soins chamaniques classiques portant sur des problèmes psychologiques, en dehors de toute démarche de travail sur soi, ne seront pas acceptées. Les soins chamaniques autres que physiques sont proposés dans un cadre collectif, ce qui signifie dans des stages tels que les retraites ou séminaires (stages de longue durée). Les personnes qui sont admises dans ces stages ont soit travaillé avec Valérie en individuel au préalable (cf paragraphe précédent), soit suivi les stages débutants de deux jours. En effet, il est nécessaire que ces soins fassent partie d'une démarche plus vaste de travail sur soi. Les stages ponctuels de deux jours donnent les outils de base parmi ceux que propose Valérie. Les stages de guérison sont intensifs et remuent beaucoup. C'est pourquoi cette préparation est nécessaire. Vous pouvez choisir de commencer par des rendez-vous individuel ou par un stage de deux jours. Plusieurs stages de deux jours sont recommandés.

<u>Demandes de soins physiques :</u>

Si vous avez un problème de santé ou des douleurs inexpliquées, il faut demander un rendez-vous, afin que Valérie détermine ce qu'elle peut vous proposer, si votre situation demande des soins sur le corps uniquement ou un travail «psychologique». Choisissez «demande de rendez-vous» dans le formulaire de contact.

<u>Facebook :</u>

Valérie Tardy gère quatre pages sur Facebook que vous trouverez en entrant les termes

- tambours chamaniques

- au coeur de la vie

- reiki guide

- Valérie Tardy , coaching et soins à Toulouse

<u>Twitter :</u>

@ValerieTardyDP

<u>Forum</u> :

Vous pouvez vous rendre sur le forum de Valérie Tardy à l'adresse suivante pour discuter ou poser des questions :

http://lesforums.au-coeur-de-la-vie.com/phpBB3/index.php

Il est nécessaire d'être inscrit et que le compte soit validé.

Ce forum comporte une partie principale dédiée aux élèves et à laquelle les autres ne peuvent pas accéder. Cependant une partie publique existe aussi. A l'heure où ce livre est rédigé, elle n'est pas très développée. C'est parce que le forum cité plus haut est un nouveau forum qui a remplacé en 2015 les précédents forums de Valérie Tardy (ceux-ci existant depuis 2003).

Autre livres de Valérie Tardy :

L'Art de la Guérison Individuelle AGI® : Méthode de transformation et de déconditionnement de l'individu pour sortir de la souffrance (2015)

Comprendre l'essence du chamanisme : Au-delà des cultures, les pratiques chamaniques expliquées par une chamane (2015)

Manuel de reïki premier degré : développement personnel et éveil spirituel avec le reïki traditionnel (2015)

Ces ouvrages sont disponibles aux formats broché et numérique (kindle).

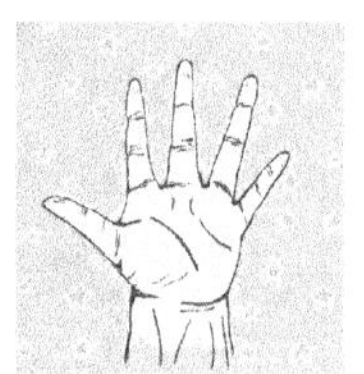